文言格言

智
ZHI

慧
HUI

肖复新 编著

吉林出版集团股份有限公司

图书在版编目（CIP）数据

名家美文话格言. 智慧 ／ 肖复新编著. —— 长春 ：
吉林出版集团股份有限公司，2013.10
ISBN 978-7-5534-3072-0

Ⅰ. ①名… Ⅱ. ①肖… Ⅲ. ①汉语-格言-青年读物
②汉语-格言-少年读物 Ⅳ. ①H136.3-49

中国版本图书馆 CIP 数据核字(2013)第 224328 号

《名家美文话格言》编委会

主　　任：金开诚　王立人
副 主 任：陈尧明　华瑞兴
主　　编：金开诚　陶伯华
编写人员：陶伯华　华瑞兴　肖复新　朱平锋　吴建有　冯树洋

智 慧

编　　著：肖复新　　　　　选题策划：曹　恒
责任编辑：息　望　付　乐　　责任校对：赵　萍
封面设计：卢　婷　　　　　　插　　图：李　亮
出版发行：吉林出版集团股份有限公司
印刷：河北锐文印刷有限公司
版次：2014 年 1 月第 1 版　　印次：2018 年 5 月第 2 次印刷
开本：787mm×1092mm 1/16　印张：12.5　字数：150 千
书号：ISBN 978-7-5534-3072-0　定价：40.90 元
社址：长春市人民大街 4646 号　邮编：130021
电话：0431-88029877　传真：0431-85618721
电子邮箱：tuzi8818@126.com

我历来认为，对中华传统文化的考证与评估虽然重要，但毕竟只是手段，"古为今用"，为中华民族的团结和振兴发挥积极有益的精神作用，才是目的。这就好比祖宗留下了丰厚的遗产，固然首先要加以清理，但清理只是为了更好地使用；不但要用好，还要尽可能把它"盘活"，使之在现实中生发和增值。惟其如此，也才能使优秀传统文化更加贴近广大群众，尤其是贴近青少年而利于久远的流传与弘扬。我们编撰这套《名家美文话格言》，就是想在优秀传统文化的古为今用与传承弘扬上做一点尝试与探索。

　　中华文化源远流长，古籍文献浩如大海，而警句格言则是经过历史反复筛选与提炼的思想瑰宝，由此了解中华传统文化，入门容易，且可深窥诸子百家思想之精华。现在，各种中外名人名言选本已出版不少，并受到广大读者的欢迎。我们这套丛书具有与众不同的编撰特点：

　　一是尽可能显示分散的警句格言之间的内在联系。现在编成的六个分册，前三个分册中，《明道》揭示的是中华文化的核心范畴，《尚德》展示的是中华文化的主导价值，《智慧》显现的是中华文化的基本特征，道、德、智正是中华优秀传统文化的三大构成要素。后三个分册中，《立志》为成事之首，《劝学》是成才之基，《践行》是成功之本，志、学、行正是人生不可缺一的三大构成环节。当前我们正在构建社会主义和谐社会的核心价值体系，这一价值体系的建设离不开对传统文化的深刻理解与传承弘扬。全面把握道、德、智这中华优秀传统文化的三

总序

二是充分揭示这些古老格言的现实警世与启迪意义。传统文化，只有取其精华，引申诠释，使之与当代社会相适应、与现代文明相协调，才能既保持民族性，又体现时代性，彰显历史智慧的现实生命力。为此，我们在讲解中既介绍每条格言产生的历史文化背景，又联系现实的国情、世情、人情，阐述它的警世意义及对人生的启迪作用。例如老子、庄子"道法自然"的思想就蕴涵了极其深刻的生态智慧，对化解全球性生态危机具有现实警世意义。孔子、孟子讲的"仁者爱人""舍生取义""富贵不能淫，贫贱不能移，威武不能屈"等名言，对我们抵制社会上的不正之风，弘扬"八荣八耻"的社会主义荣辱观仍有激励作用。《立志》《劝学》《践行》中所选编的那些警世格言，对青少年健康成长更有直接的启示意义。

　　三是力求图文并茂、深入浅出。对每一条警句格言中的疑难文字，我们都作出明确的注释，并将古文翻译成白话文。在阐述讲解时，尽可能引用相应的历史典故与现代案例，同时配以精美的插图，以适应"读图时代"广大读者的需要。各个分册，按照所编格言的不同内涵特色，或突出哲理，或重在叙事，或夹叙夹议。其中相当一部分千字文，可以作为语文中考、高考的参考范文。

　　在编撰本丛书的过程中，我们深深感到中华文化博大精深，诸子格言内涵丰富，限于我们的认识水平，对它们的理解与诠释是不可能毕其功于一役的。对于书中的错误和不足之处，尚望读者朋友给予批评指正。

金开诚

2008 年 3 月

让我们拥有一个智慧的人生

什么是正方形？什么是万有引力？什么是质量守恒？……对于自然科学方面的概念，要下个确切的定义，或许并不是件难事，但对于人文社会科学方面的东西，情况就不一样了，有时要想下个精确的定义，则往往十分困难，甚至不太可能。而且越是简单、越是耳熟能详的东西，定义起来就越是困难。

我们接触智慧这个词不可谓不早，可以一直上溯到孩提时代的启蒙时期。但什么叫智慧呢？我们能给它也下一个放之四海而皆准的定义吗？我首先想到的当然就是查查字典了。因为刚踏进校门的时候，老师就耳提面命，一再教导我们，字典是最好的老师。所以我凡有不懂的字词，就要查个水落石出。

《新华字典》上说：智慧是"对事物能迅速、灵活、正确地理解和解决的能力"。《现代汉语词典》上的解释为：智慧是"辨析判断、发明创造的能力"。看到这样的解释，你认为是恰当而全面的吗？应当说，这种解释是十分凝炼的。但对于智慧的理解，我们似乎不应只是局限于一种能力，而应该还包括其他的一些什么。比如，我们的人生态度和境界。

对智慧一词的理解可谓见仁见智。有专家学者做过这样的表述：智慧是在渊博知识和丰富阅历基础上，通过对自然、社会和人生普遍规律的透彻认识，从而形成的超乎寻常的个人素质，包括优良的品德、丰富的学识、卓越的能力。

网络时代，我们要弄懂一些东西，还多了一个利器，就是网络。凡有不懂的、新鲜的、深奥的、偏僻的，或者压根就没听过、没见过的，只要"百度""谷歌"一下，相关信息很快就会跳到你的眼前。

网上关于智慧的说法更是五花八门，可以说是海量了。有的说"智慧就是出人意料"，有的说"智慧就是合情合理"，有的说"智慧是将复杂的问题简单化"，还有的则说"智慧是将简单的问题复杂化"，等等。这些看似矛盾的回答，反映在对智慧的理解上，又都多少有些合理的成分。细细品鉴，自有道理，但又不尽然。仍然如工具书上的解释一样，不是无懈可击的。

人的一生会遇到很多问题，如何选择也是一种智慧。我在调用了所能想到的一切渠道，也没能找到令我完全信服的关于智慧的标准答案的时候，我也参悟了。于是，决定从概念中解脱出来，不再纠缠。这可能也算是一种智慧吧！因为，毕竟不是所有的事情，都能下个天衣无缝的结论的。

令人释怀的是，尽管为智慧这个词下个确切的定义很费周折，但好在世人对智慧的理解又都很有把握、信心十足，而且在价值取向上还大致趋同。这样我也就坦然了。否则，可能会有点说不过去，自己编纂着一本关于智慧的书，而对于最基本的"什么叫智慧"都回答不了，于情于理都讲不过去。其实，世上的很多事情就是如此，你要刨根问底，下决心弄出个究竟来，就会发现说不清道不明。而且可能是越说越不清，越说越糊涂。但假如你闭口不提，大家反倒都明白。一个个心知肚明，十分通透。

虽然从概念上着手碰到了一些困难，但并不妨碍我们对于智慧的理解。我们可以将智慧从两个方面来界定。什么叫智？"日"有所"知"谓之"智"。就是说，一个人只要勤奋学习，日积月累，就能成为一个智者。但是不是只要拼命读书就万事大吉了呢？显然不是。"慧"来自于佛教，大致相当于觉悟灵感之类。一个人要有智慧，除了要有知识，还要有激活这些知识的创造灵感和活力。孔子说："学而不思则罔，思而不学则殆。"说的就是这个道理。所以，我们认为，智慧是"智"和"慧"不可分离的一个统一范畴。在中国古代的智慧观里，人格的高尚和境界的追求，也被放在了重要的位置。

人，本身就是智慧的。生活在世上，每个人都在追求一种更智慧的人生。宽泛地说，我们处处需要智慧，时时需要智慧，而且也一直在运用着智慧，在智慧地生活着。

人的智慧是从哪里来的呢？不可能从天上掉下来，也不可能是头脑中固有的。只能靠我们的学习、实践和借鉴，以及自身的体验感悟了。

历代先贤，字字珠玑中典藏着无穷的智慧。我们从浩瀚的智慧海洋中采撷了关于思辨、处世、为政、生态、用兵等方面的格言警句，辑呈于此，亦是想与大家共同体验感悟。

在本书的编纂中，我们在每一句金玉良言后面，都作了适当的注解和释义，并略续小文，或交代背景，或探讨解析，或有感而发。笔之所至，因知识局限和考量不足，难免偏颇，或挂一漏万。倘能收些抛砖引玉之效，激起些共鸣，于您有所裨益，那就很欣慰了。

智慧是机巧而灵动的，必须因事而变、因时而化。古代先贤的智慧格言，处在当时特定的社会背景和具体的行为事件之中，今天拿来所用，一定要取其精华，去其糟粕。若照本宣科、生搬硬套，不但于事无补，反而可能会适得其反，最终贻笑大方。如果是这样，那就不是智慧的体现了，当然也有悖于编纂此书的初衷。以此共勉。

肖复新
2008 年 3 月

思 辨 智 慧

处 世 智 慧

为 政 智 慧

生 态 智 慧

用 兵 智 慧

目
录

思辨智慧

万物普遍联系，世界不断变化。我们如何用思辨的智慧来启迪心智？智慧的思想者，能够透过现象，直达本质。从"曲"中见"直"、从"小"中见"大"、从"得"中见"失"……

名家美文话格言

相关链接：有无相生，难易相成，长短相形，高下相盈，音声相和，前后相随。——《老子·二章》

曲则全，枉则直

曲^①则全，枉^②则直，洼则盈，敝则新，少则得，多则惑，是以圣人抱一^③为天下式^④。

——《老子·二十二章》

注

①曲：委屈。
②枉：弯曲。
③抱一：指守道。
④式：范式、准则。

释义

委屈反而可以保全，弯曲反而可以伸直，低洼的地方反而可以盈满，破旧反而可以更新，少了反而可以得到，多了反而变得疑惑，所以圣人守道，以作为天下的模范。

古时候关于"曲则全"的故事很多。史书记载，说汉武帝有个奶妈，经常在外面做些犯法的事情。汉武帝知道了，要依法严办。奶妈知道汉武帝和东方朔很亲近，就向他求救。东方朔听完奶妈的话后，给她支了一招。说等皇帝下令要法办你，在把你拉下去的时候，你什么都不要说，给皇帝吃奶的事，更是万万提不得。否则，你就真的会人头落地，必死无疑。但你要记住，走两步就回一下头，看看皇帝。这样的话，或许还有万分之一的希望，可以保全你。

等到汉武帝叫左右把奶妈拉下去法办时，奶妈就按照东方朔的吩咐，走两步就回头看看皇帝，涕泪直流。站在旁边的东方朔顺势吼道："你这个老太婆简直是神经病！皇帝已经长大了，还需要你喂奶吃吗？你就快滚下去吧！"

东方朔这么一骂，倒把汉武帝给骂醒了。他在心里反问自己，自己从小就是吃这个奶妈的奶长大的，现在要把她绑去砍头，或者坐牢，还有点人性吗？想到这里，他的心里就十分不安，便挥了挥手，说道："算了吧，这次就免你一死吧！以后可不要再犯错了。"

还有一则这样的故事，发生在春秋时期的齐国，说的是有一个人得罪了齐景公，齐景公就叫人把这个人抓来绑在殿下，要把他一节节地砍了。还下令说，谁都不要谏阻这件事，如果有人谏阻，就要和这个人一样被肢解。宰相晏婴听了以后，作出一副要杀了此人，为皇上泄怒的样子。他上前把袖子一挽，一手揪住那人的头发，一手在鞋底上霍霍磨刀，然后慢慢仰起头，一本正经地问齐景公："好像历史上记载尧、舜、禹、汤、周文王等这些明君圣主，没有说明肢解杀人时，应该先砍下哪一部分？我应该先从哪里下手呢？"

齐景公听了晏婴的话，一下子醒悟了，知道古代的明君圣主是没有用这样残酷的方法去杀人的，就对晏子说："放了他吧！是我错了！"

在古代帝王专政的时代，皇上一旦发脾气了，要想从正面直接谏言，结果往往会适得其反，皇上的怒气反而会更大。因此，只能顺应其势，"曲"中求"全"。

这两个故事告诉我们：为人处世一定要讲究策略、讲究艺术，千万不能以为自己正确、有理，就可以直来直去，不给对方面子和台阶，还自己给自己打气，说是在捍卫真理。这样的话，往往要把事情搞砸。如果当时东方朔和晏婴跳出来直接向皇上求情，或者论理，虽然理在自己一边，但结果肯定是不但救不了人，还可能祸及于己。

我们很多人对于事物的认识，往往只看到其表象，却不知道它的本质，往往只看到事物的正面，却不去思考事物的反面。

老子"曲则全，枉则直"的智慧，在于透过事物的现象看到本质。他善于用对立统一的观点去观察事物。所以老子认为：在"曲"里存在着"全"，在"枉"里存在着"直"，在"洼"里存在着"盈"，在"敝"里存在着"新"……老子的这些观点，看到了矛盾双方的相互依赖，认为事物发展到一定程度会向相反的方向转化，主张以否定的方法来达到肯定的目的。这种观点深刻地揭示了矛盾双方统一性的含义与特点，体现了矛盾是事物发展的动力这一深刻的思想，属于古代朴素辩证法的范畴。

老子要人守柔、居下、无为、无知，并不是消极的，而是积极的，只是老子采取了以退为进的方法。在充满竞争的时代，我们应该从古人那里汲取智慧的营养，讲究方式方法去争取成功。

名家美文话格言

相关链接：愈藏而愈大，愈露而愈少。——唐志契

兼听则明，偏信则暗

上①问魏征②曰："人主何为而明③，何为而暗④?"对曰："兼听则明，偏信则暗⋯⋯"

——司马光：《资治通鉴》

> **注**
> ①上：指唐太宗。
> ②魏征：唐太宗的谏议大夫，也写作魏徵。
> ③明：明辨是非。
> ④暗：昏庸糊涂。

●●●● 释义 ●●●●

唐太宗问魏征："作为一国之君，怎样做才能明辨是非，怎样做就会昏庸糊涂呢?"魏征答道："广泛听取多方面意见才能明辨是非，只听信一面之词就会糊里糊涂⋯⋯"

唐太宗李世民知人善用，广开言路，开创了唐朝初期的太平盛世——贞观之治。魏征以两个贤明的君主尧、舜和三个昏君秦二世、梁武帝、隋炀帝为例来说明"兼听则明，偏信则暗"。他说，从前尧经常向下面民众了解情况，明察秋毫，所以别人做坏事能够及时掌握；舜耳听四面，眼观八方，所以别人不能蒙蔽他；秦二世偏信赵高，结果被赵高所杀；梁武帝偏信朱异，结果被软禁饿死；隋炀帝偏信虞世基，结果死于兵变。所以君主广泛听取意见，贵族大臣则不敢蒙蔽，下情才能得以上达。

贞观四年（公元 630 年），唐太宗下令修建洛阳行宫乾阳殿。张玄素知道后，就上奏说："阿房宫建好了，秦朝就灭亡了；章华台修成了，楚国就灭亡了；乾阳宫竣工了，隋朝也灭亡了。现在天下的财力，比得上隋朝吗？要是再役使天下受尽苦难的百姓去大兴土木，沿袭隋朝的弊政，这样说来，我恐怕陛下的过失，比隋炀帝还要大呢！"唐太宗见有人说自己连隋炀帝都不如，面上有些挂不住，就问："你说我

不如隋炀帝，那你看我跟桀、纣比怎么样呢？"张玄素毫不避讳地说："如果宫殿建成了，天下又要重归于乱了。以前平了洛阳，太上皇下令，要求陛下把隋朝的宫殿烧掉，陛下当时曾表示，那些砖瓦木料还有用，可以赏赐给贫民。太上皇虽然没有听从陛下的建议，但天下百姓都知道了陛下的恩德。现在，时间才过了五六年，陛下的态度就变了，怎么昭示子孙，面对天下人呢？"唐太宗感慨道："我欠考虑啊，才有了这样的打算。"便下令停止建造洛阳行宫。

在现实生活中，我们时刻都要明辨是非得失，但如何才能使决策判断正确呢？这就需要我们多听不同的意见和建议。波兰有句谚语："常问路的人不会迷失方向。"在中国，这方面的格言警句更是俯拾皆是，像"良药苦口利于病，忠言逆耳利于行"等。虽然古今中外的这些名言警句在语言表达形式上千差万别，但其内在的思想精髓却是一样的，就是要虚心听取来自各方面的不同意见，开阔自己的视野。

"兼听则明，偏信则暗"这则成语，体现了马克思主义哲学中的唯物辩证法观点，包含了矛盾普遍性原理，这个原理要求我们看问题或处理事情，都要用全面的观点，即两点论的观点，切忌片面性。只有"兼听"，才能聪明睿智，如果"偏信"，就会浅薄无知。

图难于易，为大于细

图难①于②其易，为大于其细③。天下难事，必作④于易；天下大事，必作于细。是以圣人终不为大，故能成其大。

——《老子·六十三章》

> **注**
> ①图难：处理、解决困难的事。
> ②于：介词，从。
> ③细：细微的地方、小的地方。
> ④作：开始。

释义

在容易之时谋求难事，在细微之处成就大事。天下的难事，必从容易时做起；天下的大事，必从细微处着手。所以圣人自始至终不自以为大，而能成就伟大的事业。

《老子》是先秦道家学派的主要经典，以"道"为世界万物的本体，含有深刻的辩证法观点。《老子》是一部哲学，是关于世界观的学问，为人们认识世界、解决问题提供了方法论及理论上的指导，充满了智慧的光芒。《老子》提倡"无为"，但我们不能简单地将它理解为无所作为或者消极处世，其真实的思想意图，是主张以无为的心态，顺应自然，遵循客观规律，不强为、不妄为。因此，我们理解"无为"，不能离开其"无为而无不为"的完整体系。"图难于易，为大于细"就教导人们要

"图"、要"为",还告诉人们应该怎样"图"、怎样"为"。

哲学的真正意义在于应用。思想是行动的先导,影响并作用于人的行为。我们只有掌握认识世界的正确思维方式,才会在自己的意识形态里形成正确的方法论,以指导自己的言行,久而久之,就成为自己的一种行为习惯。这些习惯了的意识和行为,就构成我们的性格和素质。这就是所谓的养成。"图难于易,为大于细"的智慧在于告诉人们,凡事要循序渐进,遇到任何问题都不能急躁。

事物的发展,是一个由量变到质变的过程,这是哲学的基本原理之一。规律是抽象的,人类只有按照规律办事才是唯一的正确指向。而人类的挫折和失败,大多是不遵循规律所致。因此,只有按规律办事,才能从根本上避免失败。当然,这并不是排斥努力与创新,只是告诫我们不能违背客观规律冒进。

现实生活中的很多客观事实都有深刻的哲学意义,可人们很多时候都熟视无睹或充耳不闻。因此,有些道理虽然浅显易知,但我们的日常言行却往往背道而驰、南辕北辙。要成就一件大事,就必须从小事做起,不要等到困难成堆,泰山压顶才处理,这时处理起来就会十分困难。因为小的会变成大的,容易的会变成困难的,当达到某种程度的时候,可能就无法扭转了。

细节因其细微,往往容易被人忽视。老子告诫世人:做难事、做大事,须从小、易、细处着手;面对小、易、细之事,绝不可掉以轻心。其实,无论做事还是做人,都不可忽视细节。学习中重视细节,可助你取得优异的成绩;工作中重视细节,可助你创造事业的辉煌;修养中重视细节,可助你成就优秀的品格。

美国"挑战者"号航天飞机的灾难就是因为一个细节。当航天飞机升空约 60 秒的时候,右边的助推火箭起火,继而点燃了贮藏大量燃料的外贮箱,7 名宇航员全部遇难。调查结果表明,事故的原因就是助推火箭上的一个密封环出了问题。这个橡胶环的作用是封住火箭的燃气,防止其泄漏。然而发射时候的低温使橡胶变脆,密封失效,造成了悲剧。

如果一个人总想成就伟大,伟大可能了无踪影,如果甘于平淡地做好每件小事,伟大就会不期而至。《诗经·大雅》中也有"刑于寡妻,至于兄弟,以御于家邦"之语,意思就是先给自己的妻子做榜样,推广到兄弟,

相关链接:子房计谋其事,无知名,无勇功,图难于易,为大于细,可谓尽之矣。——司马迁:《史记·太史公自序》

009

再进一步治理好一家一国。把每一件简单的事做好就是不简单；把每一件平凡的事做好就是不平凡。因此想要成就一番事业，必须从简单的事情做起，从细微之处入手。这就是细节的魅力，细节决定品质，细节决定成败。无论志向多么伟大，梦想多么绚丽，没有细节作为基石，就是空谈。

名家美文话格言

相关链接：致广大而尽精微。——《中庸》

相关链接：水在火上，既济。君子以思患而豫防之。——《周易·既济》

千里之堤，溃于蚁穴

千里之堤①，溃②于蚁穴③，以蝼蚁之穴溃；
百尺之室，以突隙之烟焚。

——《韩非子·喻老》

> **注**
> ①堤：堤坝。
> ②溃：崩溃。
> ③蚁穴：蚂蚁洞。

●●● 释义 ●●●

千里大堤，由于有蝼蚁打洞，就可能会因为这些小洞而决堤；百尺高楼，可能因为烟囱的缝隙冒出火星引起火灾而焚毁。

"千里之堤，溃于蚁穴"是今天广为流传的一条哲理成语。它的警世意义是，事情的发展是一个由小到大的演进过程，当存在微小的安全隐患时，如果不给予足够的重视并及时处理，就会留下无穷的后患，造成严重的后果。比喻在小事上如果不慎重，就会酿成大祸。

中国古代有这样一个故事：黄河岸边有一处村庄，为了防止水患，先民们筑起了巍峨的长堤。一天，有个老农突然发现，蚂蚁窝一下子增加了很多。老农心想，这些蚂蚁窝究竟会不会影响长堤的安全呢？他准备回村里去报告，路上遇见了他的儿子。老农的儿子听后，不以为然地说，这么坚固的长堤，还害怕几只小小的蚂蚁吗？随即就拉着老农一起下田干活去了。当天晚上风雨交加，黄河里的水猛涨起来，咆哮的河水从蚂蚁窝里渗透出来，继而喷射，终于冲垮了长堤，淹没了沿岸的大片村庄和田野。这大概就是"千里之堤，溃于蚁穴"的来历吧。

古今中外，因各种"小问题"出大事的例子不胜枚举。

2003 年 8 月 15 日发生于美国东北部及加拿大部分地区的大面积停电事故，给该地区造成了严重的影响，并直接影响社会秩序的稳定，成为当时震动世界的大新闻。据估计，美国那次历史上最大的停电事故，造成的经济损失每天高达 300 亿美元。美国的电力设施堪称是世界一流的，

名家美文话格言

相关链接：君子防未然。——《乐府诗集·君子行》

可以把它的电网比喻成千里之堤，也可以说是铜墙铁壁铸成的长堤。然而，就是那样一张世界一流的大电网，由于对预警迹象的不够重视，电网陷入了大面积瘫痪的状态。距离美国大停电仅半个月的一个傍晚，国际大都市伦敦也遭遇了大面积停电的厄运。而引起停电事故的原因，仅是工作人员麻痹大意，安装错了一个保险丝。

鲁相国公仪休喜欢吃鱼，而且到了没鱼不吃饭的地步。下属就投其所好，纷纷给他送鱼，但都被他一一谢绝了。公仪休解释道：恰恰因为我喜欢吃鱼，才不得不小心谨慎。如果来者不拒，今天收鱼，明天受贿，后天就要丢官罢职，甚至性命难保。我现在不收受别人送的鱼，就可以一直吃鱼了。

许多时候人并不是被大事打倒，而是败在一些不起眼的小问题上。大是大非面前，人们往往会格外地警惕，时刻绷紧戒备之弦，但对一些小事小节却往往不以为然，结果不知不觉栽了跟头。

相关链接：不积跬步，无以至千里，不积小流，无以成江海。——荀子：《劝学》

名家美文话格言

相关链接：当局称迷，傍观必审，何所为疑而不申列？——《旧唐书·元行冲传》

不识庐山真面目，
只缘身在此山中

横看成岭侧成峰，远近高低各不同。不识[①]庐山真面目，只缘[②]身在此山中。

——苏轼：《题西林壁》

> **注**　①不识：不认识，不清楚。
> 　　　②缘：因为。

········ 释义 ········

从正面看，是峻岭巍峨，连绵不断，从侧面看，是奇峰峭立，直入云天。不清楚庐山的本来面目，只是因为置身于这座山之中。

苏轼是北宋政治家、文学家、书画家，号东坡居士，与父苏洵、弟苏辙，合称"三苏"。其文学成就极高，被后人称为"唐宋八大家"之一。诗存 2 700 余首，涉及政治、社会、历史、人生、山水游记等诸多方面，形象十分鲜明。苏词以豪放刚健为主，显示出作者巨大的艺术才能，在词的发展史上，占有特别重要的地位。

苏轼由黄州被贬到汝州任团练副使时，经过九江，游览了庐山。苏轼在游览庐山时，发现从远处、近处、高处、低处等不同角度来看庐山，没有一处是相同的。为什么认不清它的真面目呢？原来是因为自己在山中转来转去，当然无法看到它的全貌了。他有感而发，在庐山西林寺的墙壁上写下了"横看成岭侧成峰，远近高低各不同。不识庐山真面目，只缘身在此山中"的千古名篇《题西林壁》，在众多歌咏庐山的作品中，成为与李白《望庐山瀑布》同样著名的佳作，从而受到人们的推崇和喜爱。苏轼的诗写得巧妙别致，深入浅出，充满智慧，让读过的人受益匪浅。

"横看成岭侧成峰，远近高低各不同"，是写游山所见，它描写庐山峰峦起伏、变化多姿的面貌，游人所处的位置不同，看到的景物也各不相同。这句诗形象而概括地写出了移步换景、千姿万态的庐山风景，说明了看事物的角度不同，得出的结论也会不一样的道理。"不识庐山真面目，只缘身在此山中"一句，借景说理，谈论游山的体会。为什么不能辨认庐山的真实面目呢？因为身在庐山之中，视野为庐山的峰峦所局限，看到的只是庐山的一峰一岭、一丘一壑这些局部而已，这必然带有片面性。游山所见如此，观察世上事物也常如此。这两句诗有着丰富的内涵，说明对于一件事情，旁观者总是比身在其中的人看得透彻。很多事情，如果自己身处其中，就不可能看清全貌，就会不见全局，不明真相。

苏轼的这首诗展现了在庐山观景时所见到的或成岭或成峰的景象，通过庐山形貌变化的生动形象，揭示出一个深刻的人生哲理："当局者迷，旁观者清"，告诉人们观察问题应客观全面，如果主观片面，就得不出正确的结论。

法国科学家法伯曾做过一个著名的"毛毛虫"实验。这种毛毛虫有一种跟从的习性，总是盲目地跟随着前面的毛毛虫走。法伯把若干条毛毛虫放在一个花盆的边缘，首尾相接，围成一圈，并在离花盆很近的地方撒了一些毛毛虫最喜欢吃的松针。毛毛虫开始一条跟着一条，绕着花盆一圈又一圈地走。一天过去了，毛毛虫还不停地坚持团团转，一连走了七天七夜，终因饥饿和精疲力竭而死去。而可悲的是，精美的食物就在离它们不远的地方，可它们却看不到。

法伯在实验笔记中写下了这样一句耐人寻味的话：在这么多毛毛虫中，其实只要有一条不糊涂，走出圈子，不但自己可以得救，其他同伴也能立刻避免死亡的命运。

现实生活也是这样。有人跟着前人，亦步亦趋，但也有人大胆尝试，开拓进取。思维方式不同，结果也就不同。我们只有"走出圈子"，才能了解更多的真相。

《题西林壁》是一首哲理诗，但诗人不是抽象地发议论，而是紧紧扣住游山谈出自己独特的感受，借助庐山的形象，用通俗的语言深入浅出地表达哲理，故而亲切自然，耐人寻味。它启迪我们一个哲理——由于人们所处的地位不同，看问题的出发点不同，对客观事物的认识难免有一定的片面性；要认识事物的真相与全貌，必须超越狭小的范围，摆脱主观成见。

相关链接：一叶障目，不见泰山。——《鹖冠子·天则》

临渊羡鱼，
不如退而结网

相关链接：臣闻扬汤止沸，莫若去薪。——董卓：《上何进书》

故汉得天下以来，常欲治而至今不可善治者，失之于当更化而不更化也。古人有言曰："临渊①羡②鱼，不如退而结网。"

——班固：《汉书·董仲舒传》

> **注**　①渊：深潭。
> 　　　②羡：希望得到。

●●● 释义 ●●●

所以汉朝得到天下以后，常常希望国家能得到很好的治理，但至今却没有治理好，原因在于没有在观念上、制度上进行改革调整。古人有句话说："站在深潭边想得到鱼，不如回家去织网。"

"临渊羡鱼，不如退而结网"这句话，见于《汉书·董仲舒传》。文中借这句古训来告诫统治者，要治理好国家，必须抓住观念、制度这个根本。在《淮南子·说林训》中也有类似的文字："临河而羡鱼，不如归家结网。"

我们与其对着深潭的鱼儿发呆，整天幻想着把鱼儿弄到手，还不如先退到一边，老老实实地去织张网。这是缘于现实生活的基本常识，但这个常识的含义却是十分丰富而深邃的，它揭示了"心动"与"行动"、"目标"与"手段"的关系。它告诉我们，如果我们只陶醉于构建宏伟的蓝图，热衷于高谈阔论，而不去脚踏实地地下苦功夫，去努力地将它变成现实，那终究是一纸空文，是一种空想。这种空想即使再美丽，也无济于事。

在目标与手段之间，明确的目标是十分重要的，人不能没有目标和理想，但如果没有实现这一目标的具体手段和行动，目标将永远只是目标。假如我们的目标是捕到鱼，那就只有"退"而织好网，才有可能得到鱼。在这里，一个"退"很重要，"退"的目的就是把自己从虚幻中解脱出来，先去努力解决行动和手段问题。

有了远大而宏伟的目标，就得从最不起眼的小事做起，谋划难做的事，也得从最容易的事做起。唐代学者颜师古说："言当自求之"，就是说，说了就要去做，立即付诸行动。马克思也曾经说过："一步实际行动比一打纲领更重要"，就是告诫人们，不要做口头革命家，而要做行动的巨人。鱼儿在水里待得好好的，是不会自己跳到你的怀里的，我们只有把网织好了，有了捕鱼的工具，才会有抓住鱼的那一天。

成功的机会就如深潭中的鱼，永远是有的，而且有时就在眼前。可我们是否准备好了一张"网"呢？我们可能都有过这样的体验，看到别人成功了，总是羡慕不已，一时间也会扪心自问：这些事情我也能做的呀！是呀，为什么成功的是别人呢？如果反思之后，依然无动于衷，流于幻想，没有行动，那么下一次还可能发出同样的感叹。一次次被别人的成功所打动，周而复始，自己却毫无长进。其中的原因，就是我们总是在做一个看客，并没有在羡慕之后，真正去着手织起一张捕捉成功的"网"。或者是虽然行动了，却浅尝辄止，不能持之以恒。

至于结好"网"之后，能不能捕到鱼，那则是另外一个问题，能力问题了。在生活中，有的人看到别人取得成功，会有羡慕之心，这是人之常情，但羡慕是解决不了问题的，应该去努力掌握走向成功的本领，探寻获得成功的途径，这才是根本。每个人都有自己美好的理想，有着远大的目标和崇高的理想固然是一件好事。不同的是，有的人为了实现它，孜孜不倦，不懈地努力着、奋斗着，跌倒了，再爬起来，总结经验教训，继续向目标迈进，最终获得了成功。而有的人却把行动挂在嘴上，好高骛远，眼高手低，沉浸在一些不切实际的幻想中，或者掌握了一点粗浅的皮毛功夫，碰到问题时却手足无措，不善于总结和提高，最终肯定一事无成，与成功无缘。他们之间的区别到底是什么呢？很显然，那就是行动的区别，是执行力的差异。

我们在日常工作和生活中，不要把过多的精力花在"羡慕"上，要采取积极的态度和切实的步骤去获取水中的鱼。如果我们马上开始做，即使不能实现愿望，那也毕竟是向前走了一步。生活是公平的，即使是没有给你通向顶峰的通天大路，总还会为你留下一些羊肠小道的。

相关链接：见之不若知之，知之不若行之。——《荀子》

穷则变，变则通，通则久

易①**穷**②**则变，变则通**③**，通则久。**

——《周易·系辞下》

> **注**
> ①易：易道，指《易经》上讲的道理。
> ②穷：穷极，指无路可走。
> ③通：通达。

释义

易道穷尽则变化，变化则又重新通达，能通达才可以长久。

　　中国具有非常深远的辩证思维的传统，而《周易》则是其最初的源头。"穷则变，变则通，通则久"，这句话体现了我国古代朴素唯物主义思想。后用作"穷则思变"，指事物到了极点就会产生变化，后多指人处于困境就会设法寻求改变。

　　中华民族能够屹立于世界民族之林，与一大批优秀人物紧跟时代潮流，锐意改革，变法求新的精神是分不开的。历史上的商鞅变法，开中国维新变法之先河，使秦国后来居上，为秦始皇的统一大业奠定了基础。王安石面对北宋中期以来积贫积弱的现状，大胆提出"天变不足畏，祖宗不足法，人言不足恤"，反对守旧，大胆变法。林则徐可谓是中国近代"开眼看世界第一人"，他打破长期以来愚昧的封闭状态，学习西方技艺。

这些人都为加快历史进程作出了贡献。事实告诉我们，要想实现富民强国的理想，就不能故步自封，只有在汲取历史和外来文化精髓的基础上，思变善变，才能实现长远的发展。

对一个国家是这样，对我们个人，亦是如此。幸福和成功是人人都企盼的，但人生之路并不是坦途一条，既会有得心应手的顺境，也会有困难重重的逆境。孟子说："生于忧患，死于安乐。"艰难困苦磨炼人的意志，安逸舒适则会让人不思进取。有一种说法，叫作"青蛙效应"，是指先将青蛙置于常温水中，而后一点一点注入热水，青蛙就会在浑然不觉中，平静地被烫死。这个事例表明人在安逸舒适的环境下很容易麻痹大意。"居安思危，思则有备，有备无患"，就是说处在平安的环境里，也想到有出现危险的可能，指随时有应付意外事件的思想准备。春秋时期，晋、宋等12国联合攻打郑国，郑国只好向晋国求和。郑国给晋国送去金钱、珠宝、美女等，晋悼公就把贡品分给大臣享乐。魏绛劝谏晋悼公，不要只图享乐，要

相关链接：生于忧患，死于安乐。——《孟子·告子下》

相关链接：通其变，天下无弊法；执其方，天下无善教。——王通：《中说·周公篇》

居安思危。晋悼公认为他言之有理，就采纳他的建议。魏征在《谏太宗十思疏》中，也提醒唐太宗要"居安思危，戒奢以俭"，身体力行"十戒"。

"自古雄才多磨难，从来纨绔少伟男。"范仲淹两岁丧父，随母改嫁，幼时读书连稠一点的粥都难以吃到；司马光也是出身寒门；明代大学士宋濂家中一贫如洗；苏联作家高尔基曾经是个流浪儿；荷兰画家梵高也曾是一个常靠弟弟接济的人；丹麦童话作家安徒生出生在鞋匠家庭，衣不蔽体；居里夫人刚满10岁就出去打工了。这些真可谓"天将降大任于斯人也，必先苦其心志，劳其筋骨，饿其体肤"的生动写照了。

有这样一则寓言故事。一只兔子被猎人开枪打伤，它惊恐地逃跑了。猎人让猎犬追赶那只逃跑的兔子。猎犬的速度飞快，兔子没命地飞奔，根本看不出已经受伤，最后竟把猎犬甩开了。猎人见猎犬一无所获，愤怒地骂道："没用的东西，连一只受伤的兔子都抓不到！"猎犬感到很委屈，辩解道："我虽然没能抓到兔子，可我已经尽力而为了！"那只受伤的兔子逃回窝中，伙伴们为它能死里逃生而感到惊奇。它们好奇地问："猎犬速度那么快，你居然还能逃脱，真是太不可思议了！"惊魂未定的兔子说："猎犬如果抓不住我，顶多被主人骂一顿，所以，它追我只是尽力而为；可我如果被抓住，命就没有了，所以我逃跑就要全力以赴！"

在生活中，我们常常发现，一些本来能够做好的事情却没有做好，而有些看来没有希望做好的事情却做成功了。这里面的原因就像猎犬和兔子，取决于是"尽力"还是"全力"。猎犬没有生存危机，所以只需"尽力"做就行了；兔子有了生存危机，所以只能玩命地跑。可见，生活的压力也是进取拼搏的动力。

塞翁失马，焉知非福

故福之^①为祸，祸之为福，化^②不可极^③，深不可测也。

——刘安：《淮南子·人间训》

相关链接：祸兮福之所倚，福兮祸之所伏。——《老子·五十八章》

> **注**
> ①之：变成，转成。
> ②化：变化。
> ③极：穷尽。

●●●● 释义 ●●●●

所以福可以转化为祸，祸也可变化成福，这种变化深不可测，谁也难以预料。

《淮南子》是杂家著作，为西汉的淮南王刘安主编。其博采先秦诸子之说，以阴阳五行和道家天道自然观立论，杂糅儒、墨、法等诸家学说，反映了作者的无为思想。书中的一些寓言故事含义深刻，极具教育意义。

《淮南子》上记载着这样一个故事。靠近边塞的地方，住着一位老翁。有一次，老翁家的一匹马挣脱羁绊，越过边界，跑进胡人居住的地方去了。邻居都来安慰他，他平静地说："这件事难道不是福吗？"几个月后，那匹丢失的马突然又跑回家来了，还领着一匹胡人的骏马一起回来。邻居们得知，都前来向他家表示祝贺。老翁无动于衷，坦然道："这样的事，难道不是祸吗？"老翁家养着许多良马，他的儿子生性好动，喜欢骑术。有一天，他儿子骑着烈马出去打猎、游玩，烈马脱缰，把他儿子重重地甩了个仰面朝天，他儿子则摔断了大腿，成了终身残疾。

邻居们听说后，纷纷前来慰问。老翁不动声色，淡然道："这件事难道不是福吗？"又过了一年，胡人侵犯边境，大举入侵。四乡八邻的精壮男子都被征召入伍，拿起武器去参战，很多人都在战场上牺牲了。唯独老翁的儿子因跛脚残疾，没有去打仗，所以他们父子得以避免了这场生离死别的灾难。

这个故事在世代相传的过程中，渐渐地浓缩成了一句成语："塞翁失马，焉知非福"。它说明人世间的好事与坏事都不是绝对的，可以向它相反的方向转化，坏事可以引出好的结果，好事也可能会引出坏的结果，这是一种朴素的辩证法观点，告诫人们要全面地看问题，看到事物的正面，也要看到它的反面。《老子》上说的"物或损之而益，或益之而损"，即同此理。

还有一个"失之东隅，收之桑榆"的故事，东隅指日出的地方，借指早晨；桑榆指落日的余晖照在桑榆树梢上，借指黄昏。意思是早上失去了，晚上又补回来。后比喻在某一面有所失败，但在另一面有所成就。这个成语的意思其实和"塞翁失马"有异曲同工之妙。

《后汉书》记载：东汉征西大将军冯异被赤眉军打得大败，后来，冯异重整旗鼓，召集散兵数万人，和赤眉军约定日期决战。到了决战的时候，冯异先示弱诱敌，赤眉军果然上当，全军杀了上来。两军杀到下午，冯异埋伏的部队突然出击。这些伏兵都穿了赤眉军的衣服，弄得赤眉军一时分不清敌我，便败下阵去。冯异趁势掩杀，赤眉军八万人投降。余部逃到宜阳，全军投降。坐镇洛阳的刘秀听到消息后，非常高兴，便下诏慰劳，说："始虽垂翅回溪，终能奋翼黾池，可谓失之东隅，收之桑榆。"

有人说，造物主是公平的，它让你失去什么的时候，也会让你收获些什么。古代许多遭到贬谪的政治上的失意之人，却创造了另一种辉煌。柳宗元留下了富有诗情画意的《永州八记》，苏轼留下了清丽俊逸的《赤壁赋》，苏辙留下了畅达明快的《黄州快哉亭记》，欧阳修留下了刚健婉转的《醉翁亭记》，等等。

在现实生活中，我们到处可以看到好事变坏事、坏事变好事的例子。事业成功了，生活安定了，这是好事；但要松懈麻痹，看不到存在的问题和潜在的危机，就可能会面临危险的处境。反之亦然。失败后如果认真总结教训，失败就可以转化为成功。事物的转化是有条件的，和人们的思想态度、主观努力有很大的关系。我们要认识事物发展的辩证法，看到事物的两面性和变化的可能性，争取事物向好的方面转化，防止事物向坏的方面转化。

智慧

相关链接：夫物盛而衰，乐极则悲。——《淮南子·道应训》

智者千虑，必有一失

广武君曰："臣闻'智者^①千虑^②，必有一失^③；愚者千虑，必有一得'。故曰'狂夫之言，圣人择焉'。"

——司马迁：《史记·淮阴侯列传》

注

①智者：聪明的人。
②千虑：很多次的考虑。
③失：失算，错误。

・・・・・ 释义 ・・・・・

广武君说："我听说'不管多聪明的人，在很多次的考虑中，也一定会出现个别错误；而再愚笨的人，在很多次的考虑中，也一定会有所收获的'。所以俗话说'狂人的话，圣人也可以参考选择'。"

刘邦的大将韩信，俘虏了赵国谋士广武君李左车。一天，韩信求教于李左车，说他准备攻打燕、齐。韩信说："我要向北攻打燕国，向东讨伐齐国，怎么办才能成功呢？"李左车推辞说："我听说打了败仗的将领，没资格谈论勇敢，亡了国的大夫，没有资格谋划国家的生存。而今我是兵败国亡的俘虏，有什么资格计议大事呢？"韩信说："我听说，百里奚在虞国时虞国灭亡了，在秦国时秦国却能称霸，这并不是因为他在虞国愚蠢，而到了秦国就聪明了，而在于国君任用不任用他，采纳不采纳他的意见。"韩信坚决请教说："我倾心听从您的计谋，希望您不要推辞。"李左车说出了取胜之道，韩信采纳了他的建议，不久就取得了燕、齐的国土。

在《左传·宣公二年》也有这样的记载："人谁无过，过而能改，善莫大焉。"说的是这样一个故事：晋灵公生性残暴，时常借故杀人。一天，厨师送上来的熊掌炖得不透，他就残忍地当场把厨师处死。大臣士季进宫劝谏，晋灵公从他的神色中看出是为自己杀厨师这件事而来的，便假装没有看见他。直到士季来到屋檐下，晋灵公才瞟了他一眼，轻描淡写地说："我已经知道自己所犯的错误了，今后一定改正。"士季听他这样说，也就用温和的态度说道："谁没有过错呢？有了过错能改正，那就最好了。如果您能接受大臣正确的劝谏，就是一个好的国君。"但是，晋灵公并没有真正认识自己的过错，依然行为残暴。最后，这个作恶多端的国君，终于被人杀死了。

以上两则故事中提及的"智者千虑，必有一失"和"人谁无过"告诉我们，生活中我们每个人都会犯错误。有一个中国孩子，在日本上学，这个孩子的日语不好，但上课发言非常积极。孩子的父母问他怎么就不怕出错，孩子回答说："不怕，老师说教室就是出错的地方。"其实，生活也就是一个出错的地方啊！

"人非圣贤，孰能无过？"犯了错误，我们就应该客观地分析出错的原因、错误的程度和性质，在正确认识的基础上去努力纠正，防止再次出错。对于犯过错误的人，我们应该帮助、理解和宽容，给他们以改正错误的机会。

名家美文话格言

相关链接：岂见覆巢之下，复有完卵乎？——刘义庆：《世说新语·言语》

皮之不存，毛将焉附

皮之不存，毛将焉①附②？

——《左传·僖公十四年》

> **注**
> ①焉：哪儿。
> ②附：依附。

●●● 释义 ●●●

皮都没有了，毛还附在哪里呢？比喻事物失去了赖以生存的基础，就不能存在。

春秋时期，晋国发生内乱，公子夷吾出逃后，请求秦国支持他当晋国国君，答应事成后以五座城池作为酬谢。后来，夷吾在秦国的帮助下当上国君(晋惠公)，却没有履行诺言。不久，晋国遭受自然灾害，晋惠公又向秦国买粮，秦国没有计较，还是慷慨地答应了。

第二年冬天，秦国也发生了灾荒，秦王派人到晋国买粮，晋惠公却不想答应。大夫庆郑认为不妥。大臣虢射却认为：晋国没有割五座城池给秦国是最根本的问题，根本的问题没解决，只答应卖粮，就好比只有毛没有皮。没有皮，毛又能依附在什么地方呢？晋国已经背了约，再卖粮给秦，也不能平息秦国的不满，反因帮助他们解决了困难而加强了他们的力量，还不如干脆连卖粮也不答应。

最后，晋惠公采纳了虢射的意见。庆郑叹道："国君这样做，将来是要后悔的。"果然不出庆郑所料，后来，晋惠公成了秦国的俘虏。

虢射的原话是"皮之不存，毛将安傅"，现通常用作"皮之不存，毛将焉附"，比喻不解决根本问题，即使解决其他枝节问题，也没有用处。

刘向在《新序·杂事二》中也说到这样一则故事。说的是战国时期，魏国的国君魏文侯有一天带着随从到山上打猎。大家走累了，便在山道上休息。这时，山道上走来一个樵夫，背上背着一大捆柴，也在路边休息。魏文侯打量了他一会儿，看见他身上穿着一件皮袄，毛朝里，皮朝外。魏文侯感到很奇怪，便问他："你为什么要反穿皮袄呢？"樵夫低头看了看自己身上的衣服说："我每天上山砍柴、背柴，怕时间长了，袄上的毛被磨掉了，所以把皮向外穿着。"魏文侯说："毛是附在皮上的，如果皮子被磨烂了，毛就没有依附的地方了，你想舍皮保毛不是一个错误的想法吗？"后来，魏国的东阳上交的钱粮布帛比往年多出十倍，满朝大臣一齐向魏文侯表示祝贺。魏文侯却忧心忡忡，他在想，东阳这个地方土地没有增加，人口也还是原来那么多，怎么一下子比往年多交这么多钱粮布帛呢？即使是丰收了，上交也是有比例的呀。他分析这必定是各级官吏向下面老百姓加重征收得来的。这件事使他想起了以前那个反穿皮袄的樵夫。他想，如果大肆征收老百姓的钱粮布帛而不顾老百姓的死活，这跟那个反穿皮衣的人的行为不是一样的吗？如果老百姓不得安宁，国君的地位也难以巩固。

"皮之不存，毛将焉附"，这句话常用来比喻基础的重要。如果基础没有了，那么建筑在这个基础上的东西也就失去了依附而无法生存。

欲穷千里目，更上一层楼

白日^①依^②山尽，黄河入海流。欲穷^③千里目，更^④上一层楼。

——王之涣：《登鹳雀楼》

> **注**
> ①白日：太阳。
> ②依：依傍。
> ③穷：尽，指看尽。
> ④更：再。

释义

夕阳贴着高山落下，黄河滚滚流向大海。要看尽千里远的地方，就得再登上一层城楼。

王之涣是唐朝著名的边塞诗人，他性格豪放不羁，常常击剑悲歌，后因遭人诬陷而罢官。此后他就开始了十多年的漫游生活，足迹遍及黄河南北。他写了许多诗，常被乐工谱上曲子进行传唱，名噪一时。他那首脍炙人口的《凉州词》："黄河远上白云间，一片孤城万仞山。羌笛何须怨杨柳，春风不度玉门关"，历代被人们广为传诵，被章太炎先生称为"绝句之最"。《登鹳雀楼》中的"欲穷千里目，更上一层楼"，更为千古名句。可惜的是，他的诗歌散失严重，传世之作不多，仅有六首，被辑入《全唐诗》中。

　　鹳雀楼，又名鹳鹊楼，是唐朝蒲州城的一座城楼，位于今天的山西永济县。楼体壮观，结构奇巧，风景秀丽，是当时著名的旅游胜地，与武昌的黄鹤楼、洞庭湖畔的岳阳楼、南昌的滕王阁齐名，被誉为我国古代四大名楼之一。沈括在《梦溪笔谈》中记载，"鹳雀楼三层，前瞻中条下瞰大河"，因为楼上常有鹳雀栖息而得名。它的西南是高高耸立的中条山，脚下

相关链接：登东山而小鲁，登泰山而小天下。——《孟子·尽心上》

名家美文话格言

相关链接：不登高山，不知天之高也；不临深溪，不知地之厚也。——《荀子》

是波涛滚滚的黄河，雄伟壮观，令人流连忘返。

唐、宋两朝，文人雅士喜欢登鹳雀楼欣赏美景，也留下了许多不朽的诗篇。

当年，王之涣来到鹳雀楼，正是傍晚时分，他兴高采烈地登楼而上，极目远眺，面对大气磅礴的万千气象，一时诗兴大发，于是把登楼见到的景色和感受，写成了千古名诗《登鹳雀楼》。"欲穷千里目，更上一层楼"，便是出自其中的名句。

《登鹳雀楼》前两句写的是亲眼所见。"白日依山尽"写远景，写山。他站在鹳雀楼上向西眺望，只见云海苍茫，山色空蒙。由于云遮雾绕，太阳变白，挨着山峰西沉。"黄河入海流"写近景，写水。楼下滔滔的黄河水奔流入海。这两句诗描绘的画面壮丽，气势宏大，读后令人振奋。

后两句写的是所感所想。"欲穷千里目"，写诗人一种探求的渴望，想看得更远，看到目力所能达到的地方，唯一的办法就是要站得更高，"更上一层楼"。"千里""一层"，都是虚数，是诗人想象中的纵横空间。"欲穷""更上"则包含着希望和憧憬。这两句诗形象地揭示了一个哲理：登高，才能望远；望远，必须登高。

"欲穷千里目，更上一层楼。"诗人不满足于眼前看到的景色，还想看到更壮阔、更惊心动魄的境界，就又登上一层楼，把读者带到了一个更高远的意境之中。这句诗体现了诗人开阔豪迈的胸襟和昂扬向上、积极进取的精神，给人很多启发，体现了一种勇于攀登，敢于追求更高目标的精神。

工欲善其事，必先利其器

相关链接：君子藏器于身，待时而动。——《周易·系辞下》

　　子贡问为仁①。子曰："工②欲善③其事，必先利其器④。居是邦也，事⑤其大夫之贤者，友其士之仁者。"

　　　　　　　　　　　　　　　　　——《论语·魏灵公》

注	①仁：仁德，修养。
	②工：工匠。
	③善：做好。
	④器：工具。
	⑤事：侍奉。

●●●释义●●●

　　子贡问怎样修养仁德。孔子说："工匠要做好工作，必须先磨利工具。住在一个国家，要侍奉大夫中的贤人，与士人中的仁人交朋友。"

　　俗话说："磨刀不误砍柴工。"磨刀的时候看似浪费了时间，但如果不磨刀，用一把不锋利的刀去砍柴，就会使效率低下，浪费更多的时间。

　　这个故事是这样讲述的。两个人上山砍柴，要比一比谁砍的柴多。比赛一开始，其中一个人拿起斧子就上山了，想抓紧时间多砍一点。而另一个人则没他那么急，找来一块磨刀石，先磨起了自己的斧子。有人见了替他着急，就催促他说："你还不快点上山，再耽搁就来不及了。"他却一笑了之，继续磨他的斧子，直到磨好了才上山去砍柴。大家都觉得他这次是输定了。可是到了规定的时间，他却兴高采烈地背了一大捆柴回来，而先前上山的那个人却垂头丧气，只砍了一小捆，还疲惫不堪，一副狼狈相。

没磨刀的人为什么会输呢？道理很简单，他看似抓紧了时间，比磨刀的人上山要早，却因为斧子不快，砍起来就很费时、费力。

事情往往是这样，急于求成，直奔目的，结果可能走向反面。我们

名家美文话格言

相关链接：工以利器为用，人以贤友为助。——《论语集解》

要干好自己的工作，都有一个"磨刀"的过程。砍柴要磨刀，各行各业也都有各行各业的"刀"，这就是专业知识、专业技能、专业理念等。

"工欲善其事，必先利其器"，说的就是"磨刀不误砍柴工"的道理，比喻要做好一件事情，充分的准备工作是十分重要而且是必需的。

三国时的诸葛亮，不仅足智多谋，而且"长于巧思"，十分重视和善于使用成事之"器"。《三国演义》中绘声绘色、极为详尽地讲述了诸葛亮发明使用"木牛流马"的故事。古时候作战，很讲究"兵马未动，粮草先行"。人马要上前线打仗，就必须耗费大量人力来运送军需物资。在"蜀道难，难于上青天"的蜀国，解决运输问题是一个令人头痛的问题。这个问题解决的好坏，将直接影响到战争的结局。诸葛亮在这方面没少动脑筋。最后，他凭着自己的过人才智和不懈努力，终于研制出一种叫作"木牛流马"的运输工具，能在崎岖的栈道上运送粮草，使得"上山下岭，多尽其便"，而且"人不大劳，牛马不食"，并可以昼夜运转不绝，从而大大提高了蜀军的战斗力。诸葛亮六出祁山，七擒孟获，威震中原，这种"木牛流马"解决了几十万大军的粮草运输问题。诸葛亮不仅发明了"木牛流马"，还改进制造了"损益连弩"这种速射武器。当诸葛亮北伐中原使用这种武器时，魏军十分惊恐，呼之为"神弩"。诸葛亮不断地"利其器"，在弱小的蜀国抗击强大的魏国中发挥了不小的作用。

人是自然界发展的产物，人和自然界动物的根本区别是劳动，人的劳动不同于动物的本能活动，人是利用自己制造的工具来改造自然，使之适应自己的需要。因此可以这样说，人类的发展过程，就是一个不断"利其器"的过程。

三百六十行，行行都有自身的成事之"器"。为什么有的单位，人人举重若轻，各方面井井有条，而有的单位，尽管整天辛辛苦苦地加班加点，却并没有取得像样的业绩呢？问题可能就是出在"器"这个基础之物上。在这里，单位的品牌实力、员工的综合素质、管理者的能力水平，等等，都属"器"的范畴。

对于个人而言，立足之本则是自身的能力。当然，这种能力除了专业技术水平，也包括沟通和运筹能力。一个人要想有一个好的发展，就必须不断地"利其器"，通过学习实践，不断地提高完善自己。俗话说，台上一分钟，台下十年功。机遇只青睐准备好了的人。

处世智慧

我们每个人都渴望成功，都在追求着自己的人生幸福。但在你所处的特定社会环境之中，你该怎样表达自己？又如何与人和谐相处？其中大有学问。

不怨天，不尤人

子曰："不怨天①，不尤②人，下学③而上达④，知我者其天乎！"

——《论语·宪问》

> **注**
> ①天：天命，命运。
> ②尤：怨恨，归咎。
> ③下学：学习平常的知识。
> ④上达：达天命，了解真谛。

●●●● 释义 ●●●●

孔子说："我不埋怨上天，不责备别人，学习平常的知识，理解其中的哲理，获得人生的真谛，了解我的只有上天吧！"

孔子曾经和他的学生子贡有过一番对话。孔子说："没有人了解我啊！"子贡说："怎么能说没有人了解您呢？"孔子说："我不埋怨天，也不责备人，下学礼乐而上达天命，了解我的只有上天吧！"

这里的"上达"是指君子通过广泛的学习体验，进行一系列独立的思考和研究，并通过抽象思维，达到认识真理和本质的高度。这种思想水平，是很难被一般人了解的。

孔子对子贡说这番话，就是希望弟子们在认识世界方面做到"下学而上达"，掌握"诚其意"的理论研究要求和保持"慎其独"的思想作风。孔子反对把自己的失败归结于外因，而主张"责己"。他说，君子要努力提高自身的修养，才能为实现社会进步作出贡献。因此，孔子一生奔走，以天下为己任，终身勤学好思，渴望以自己的才学改造社会。

孔子还说过："人不知而不愠，不亦君子乎?"这句话中的"人不知"，是说别人不知道自己的才学和品德。"愠"，是愤怒、怨恨的意思。翻译成现代汉语，就是："如果别人不理解自己，自己心里却没有怨恨，这样的人不就是君子吗?"

名家美文话格言

相关链接：人无忧，故自寿也。——《太平经》

当年孔子周游列国，希望能够做官，推行自己的政治主张，可是他却到处碰壁，遭人冷眼。他的内心也有过不平静，也曾流露出怀才不遇的哀怨。传说孔子在从卫国返回鲁国的路上，触景生情，想到自己不能成为为王者香的"兰花"，而只能与众"草"为伍，心中不禁平添许多惆怅。但后来，他终于悟出了修身处世的智慧。

唐代文学家韩愈十分仰慕孔子的境界，作了一首《幽兰操》，大意是：兰花开时，很远也能闻到它的幽幽清香。如果没有人采摘佩戴，对兰花本身有什么损伤呢？一个君子不被人知，这对他又有什么不好呢？隆冬严寒，荞麦依然生机盎然，不利的环境对我们又有什么影响呢？

甘于寂寞的深谷幽兰，芳香自足。一个人，不管是做学问还是要成就事业，都要学会忍受寂寞和别人的不理解，用达观、平和的心境去面对风雨人生。

怎样才能做到"不怨天，不尤人"呢？孔子在谈论什么是君子的时候，回答了这个问题，他说："仁者不忧，知者不惑，勇者不惧。"一个仁慈宽厚的人，就不会有烦恼；一个聪明智慧的人，就不会感到迷惑；一个勇敢无畏的人，就不会恐惧害怕。多一点"仁""知""勇"，就会少一点"忧""惑""惧"，自然就会减少对别人的抱怨和指责。

现实生活中，有些人一旦身处逆境，就会发牢骚，埋怨天、指责人，把责任都推在别人身上，甚至埋怨老天对自己不公，却不从自身找原因，不反省自己，这样做的结果，只会使自己烦躁不堪，甚至导致以后还会犯同样的错误，可谓有百害而无一利。

《逍遥游》中有一句话，劝人要做到"举世而誉之不加劝，举世而非之不加沮"。就是说全世界都在夸你，劝勉你再往前走一步的时候，你要说我是不会这样做的。全世界都在苛责和非难你，都在说你错的时候，你的内心却要淡定而从容，不让心情沮丧。

"不怨天，不尤人"，只有这样，才能"上达"而具有君子的品格，才能在挫折失败中体会到人生的哲理，不断取得更大的成绩。孔子对于个人命运与机遇的论说，体现了一种乐观主义精神。怨天尤人，困境和艰难也不会因此改变。反之，倘若我们调整好自己的心态，乐观豁达，振奋精神，知难而上，困难就可能向我们低头。

言必信，行必果

相关链接：与朋友交，言而有信。——《论语·学而》

言必信①，行必果②；使言行之合，犹合符节③也，无言而不行也。

——《墨子·兼爱下》

> **注** ①信：信用、诚信。
> ②果：坚决，果敢。
> ③符节：古代派遣使者或调兵时用作凭证的东西。用竹、木、玉、铜等制成，刻上文字，分成两半。一半存放在朝廷，一半给外任官员或出征将帅。

●●●● 释义 ●●●●

说了的话，一定要守信用，确定要干的事，就一定要坚决果敢地干下去；使言行像符节一样相合，这样说的话才会让人信服。

墨子是战国初期伟大的思想家，姓墨名翟，鲁国人，墨家学派的创始人。墨子言行颇多，但无亲笔著作。今存《墨子》一书中的《尚贤》《尚同》《兼爱》《非攻》《节用》《节葬》《天志》《明鬼》《非乐》《非命》等篇，都是其弟子或再传弟子对他的思想言论的记录。他所提倡的"兼爱""非攻""节用""尚贤"等主张，对于今天的我们，仍然有深刻的借鉴意义。

墨子集思想家、实践家于一身。墨家思想重视人的品行修炼，认为诚信是做人之根本，要求说到做到，言行一致。"言必信，行必果"，在墨子看来，口讲仁义就应该身体力行。

在诚信的基础上，墨子更进一步提倡用爱心去帮助他人，人与人之间要构建起和谐的人际关系，正所谓"投我以桃，报之以李"。他说："夫爱人者，人必从而爱之。利人者，人必从而利之。恶人者，人必从而恶之。害人者，人必从而害之。"

墨学以"利"定"义"，并不是"轻义"。恰恰相反，"重义"可以说是墨子一生所追求的目标。用"利"来定义"义"的内涵，是把仁、义和爱的道德观念同利益、功利直接联系起来，表现出一种义利的统一。其实，现今生活中，"义"和"利"都是人们应该追求的目标，两者并不是截然对立、不能统一的。尤其是在中国传统文化与西方思潮交汇的今天，运用墨家的义利观思辨可以帮助我们更好地理解这一点。

《论语·子路》篇中也有"言必信，行必果"的记载。孔子的学生子贡问：怎样才能称得上是"士"呢？孔子也作了这样的回答。

孔子还有个学生叫曾子。有一次曾子的妻子要上街，儿子哭闹着非要跟去不可，妻子就哄儿子说："你在家里等着，回来我给你杀猪炖肉吃。"儿子信以为真，就不再哭泣了。

妻子回来，见曾子正磨刀准备杀猪，赶忙阻拦说："怎么你真的要杀猪给他吃？我只是跟他说着玩儿的。"曾子认真地说："对小孩子怎么能欺骗呢？我们一言一行对孩子都有影响，我们说了不算数，孩子以后就不会再相信我们的话了。"曾子果真把猪杀了。

"言必信，行必果"，要求言与行必须做到一致，怎么说就怎么做，不折不扣地执行自己的承诺。

蜀汉时期，诸葛亮兵出祁山。魏军30余万人马来势汹汹，而在这紧要关头，蜀军中有8万人服役期满，已有新兵接替，正整装待发准备返乡。大敌当前，不少蜀军将领进言，希望把他们留下，延期一个月，等打完这场仗再走。诸葛亮断然拒绝道："治国治军必须以信为本。老兵们归心似箭，家中父母妻儿望眼欲穿，我怎能因一时之需而失信于民呢？"说完，诸葛亮下令各部，让服役期满的老兵尽快返乡。

诸葛亮的命令一下，老兵们一个个感动得热泪盈眶，他们决定不走了。"丞相待我们恩重如山，如今正是用人之际，我们要奋勇杀敌，报答丞相！"老兵们高昂的士气激励了所有将士，蜀军上下精神振奋，在形势不利的情况下击败了魏军。诸葛亮以信带兵，取得了以少胜多的战绩。

能成功的人，常有许多共同的优点，其中有一点便是在任何时候，都诚实守信，遵规守约。一个人能说会道固然重要，但更重要的是一诺千金，说到做到。"一言既出，驷马难追"，我们不能只做"语言的巨人"，而成为"行动的矮子"。

相关链接：言而必信，期而必当，天下之高行也。——《淮南子》

君子和而不同，小人同而不和

子①曰："君子和②而不同，小人同而不和。"

——《论语·子路》

> **注** ①子：指孔子。
> ②和：和谐、协调，意为和平共处的意思。

●●● 释义 ●●●

孔子说："君子讲求和谐而不同流合污，小人只求完全一致，而不讲求协调。"

"和"是中国文化的精髓，被各家各派所认同。无论是天地万物的产生，人与自然、人与社会、人与人的关系，还是道德伦理、价值观念、审美情感，都贯通着"和"的理念。何晏在《论语集解》中对"君子和而不同，小人同而不和"的解释是："君子心和然其所见各异，故曰不同；小人所嗜好者同，然各争利，故曰不和。"就是说，君子内心所见略同，但其外在表现未必都一样；小人虽然嗜好相同，但因为各争私利，必然互起冲突，这种"同"反而导致了"不和"。

在先秦时代，"和"是一个非常重要的理念，它是指一种有差别的、多样性的统一，因而有别于"同"。春秋时期，齐国的晏婴和齐景公曾讨论"和"与"同"的问题。晏婴说，如果在水中加上水，那么还是水的味道；如果弹琴，弹出相同的音调，就不会产生乐声，这是"同"。如果在水中加上鱼、肉和各种作料，再加以烹调，这样就可以做成一种与水的味道完全不同的鲜美的汤；音乐也是这样，只有清浊、大小、短长等声音相济相成，才能成为一曲动听的乐曲，这就是"和"。在这种思想基础之上，孔子将"和"与"同"的差别引入到人际关系的思考之中。

"和而不同"是孔子思想体系的重要组成部分，显示出孔子思想的深刻

智慧

相关链接：君子与君子以同道为朋，小人与小人以同利为朋。——欧阳修：《朋党论》

哲理和高度智慧。在为人处世方面，君子可以与他人保持和谐融洽的关系，但在对具体问题的看法上都必须经过自己的独立思考，不必苟同于对方，从来不愿人云亦云，盲目附和。但小人则习惯于在对问题的看法上迎合别人的心理、附和别人的言论，没有自己独立的见解，只求与别人完全一致，而不讲原则，但在内心深处却并不抱有一种和谐友善的态度，与别人不能保持融洽友善的关系。

真正的君子，并不太在意人际往来中的利益纠葛和是非恩怨，但在大是大非面前却勇于坚持立场，保持思想的自由和人格的独立。在日常生活中，人们对某一问题持有不同的看法，这是极为正常的。真正的朋友应该通过交换意见、沟通思想而求得共识。因此，真正的君子之交，并不寻求时时处处保持一致，而是容忍对方有其独立的见解，自己也不隐瞒不同的观点，赤诚相见、肝胆相照。但是小人却不是这样，他们或是隐瞒自己的想法，或是根本就没有自己的思想，只知道见风使舵。更有甚者，还党同伐异、以人划线，形成不同的帮派。比如在学术领域，就有这么一些人把学术之争变成了门户之见。学术之争本来是要通过不同观点的交流与碰撞而去伪存真，促进学术的进步发展，而门户之见则是无原则地坚持自己的观点，将学术之争演变为利益争斗。

"和实生物，同则不继"，宇宙万物的存在源出于"和"，而不是"同"。不同的事物互相结合才能产生万物，如果同上加同，不仅不能产生新的事物，而且世界的一切也会变得平淡无味。这一思想体现了古代朴素唯物主义辩证法。因此，我们处事的根本准则，也应该是求"和"而不求"同"。

晏婴所说的"同"就是简单重复，"和"就是对立面的统一。晏婴对齐景公的解释揭示了矛盾的对立面是相互依存、密不可分的，矛盾双方是事物发展的动力，因此包含着辩证法的因素。

"君子和而不同，小人同而不和"告诉我们，人与人之间应该如何相处，如何来看待不同的观点。只有不同的思想相互碰撞，才能产生新的灵感、新的火花，使我们聪明起来，推进我们所生活的这个世界不断向前迈进，向前发展。高明的人总是追求和谐，包容差异，在丰富多彩中达成和谐。

物以类聚，人以群分

相关链接：故近朱者赤，近墨者黑；声和则响清，形正则影直。——傅玄：《太子少傅箴》

"方以类①聚，物以群分，吉凶生矣。"

——《周易·系辞上》

"夫物各有畴，今髡②贤者之畴也。"

——《战国策·齐策三》

> **注**　①类：同一类。
> ②髡：指淳于髡，战国时齐国的大夫。

●●●释义●●●

"物以群分""物各有畴""物从其类"，这些话的意思都是相仿的，后来一般都说作"物以类聚"，并与"人以群分"连用。指事物同类的聚集在一起，志趣相投的人相聚成群。现多比喻坏人相互勾结在一起，含有贬义。

战国时，齐国的淳于髡博学多才，能言善辩，被任命为齐国的大夫。他经常利用寓言故事、民间传说、山野逸闻来劝谏齐王，而不是通过讲大道理来说服他，却往往能收到意想不到的效果。一次，齐宣王想招聘贤士，淳于髡在一天之内就引荐了七人。齐宣王说："我听说千里之内有一位贤士，这贤士就是并肩而立了；百代之中如果出一个圣人，那就像接踵而至了。如今您一个早晨就引荐七位贤士，那贤士不也太多了吗？"淳于髡说："翅膀相同的鸟类聚居在一起生活，足爪相同的兽类一起行走。如果想找柴胡、桔梗等药材，而到池沼中去找，那就一辈子也找不出一根。要是到睾黍山、梁父山的北坡去采集，那就可以找出很多了。世上万物各有其类，如今我淳于髡是贤士一类的人。君王向我寻求贤士，好比在河里取水、用燧石取火一样方便。我将再向君王引荐贤士，岂止这七人呢。"

远古时代，人们聚集在一起是为了最大限度地获取食物，共同抵御凶猛野兽的攻击，他们以血缘关系为纽带，以生存繁衍为目的。随着生产力的发展，人类社会产生了阶级，各种社会关系就以集群的形式体现出来，形成了或紧密、或松散的各色群体组织。这些组织被一些或有形、或无形的纽带捆绑在一起，形成不同的利益集团。有形的如宗旨、章程、纪律，无形的如道德、信仰、观念等。

为什么某些人和某些人会很容易靠近、走到一起呢？因为有了共同的爱好和思维方式，人和人就会有更容易的语言交流和共同的价值取向。在感情上、在利益上，他们都有集结在一起的原始冲动。因此，共同的志趣是"人以群分"最基本的前提。有了共同的志趣，相互之间才容易达成认识上的一致、情感上的沟通和行为上的理解。

社会是由人构成的，形形色色的人演绎着社会万象。不同的思维方式决定着不同的生存方式，这些有着不同价值观的群体，显然对社会的影响存在着明显的差异性。有些群体令人尊敬，他们以奉献社会、服务他人为目的，而有些群体则令人切齿，他们损人利己，为非作歹，危害社会。

交友要慎之又慎。古人云："近朱者赤，近墨者黑。"这说明，你的朋友环境对你的影响十分深刻。现在人们常说，要了解一个人是什么样的人，你只要看一看他的社交圈子，看他都交了些什么样的朋友，大抵也就掌握得差不多了。说的就是这个意思。

那么，我们应该交怎样的朋友呢？子曰："益者三友，损者三友。友直，友谅，友多闻，益矣。友便辟，友善柔，友便佞，损矣。"意思是说，使人受益的朋友有三种，使人受损的朋友也有三种。同正直的人交友，同诚信的人交友，同见闻广博的人交友，这是有益的。同惯于走邪道的人交朋友，同善于阿谀奉承的人交朋友，同惯于花言巧语的人交朋友，这是有害的。

孔子是春秋末期的思想家、教育家，他那个时代，不像现在，有着发达的资讯。那时的人，要想广见博闻，最有效的办法就是交个渊博的朋友。交一个见识广的朋友，就像打开一本辞典，能学到不少的新知。对于今天的人们，知识来源已经十分丰富，交上一个好朋友，更多的是能学到优秀的品德，学会做人。

智慧

相关链接：草木畴生，禽兽群焉，物各从其类也。——《荀子·劝学》

水至清则无鱼，
人至察则无徒

故水至^①清则无鱼，人至察则无徒^②。

——《大戴礼记·子张问入官》

> **注**
> ①至：极，最。
> ②徒：指同类，朋友。

●●●● 释义 ●●●●

所以说水太清了，就没有鱼，人太精明了，就没有朋友。

如果水极为纯净，清澈见底，一览无余，连水草也没有，微生物都无法存活，那么鱼儿一没有食物，二没有遮蔽，怎能生活于其中呢？这是大自然的道理。同样，人能明察秋毫，自然是好事，可是过于精明和苛刻，又有谁能忍受得了，与之为伍呢？

人没有十全十美的，所以在平时和人相处时，应该严于律己，宽以待人。对别人的小过失，小弱点，尽量包容原谅，这才是为人处世的智慧。

三国时期的蜀国，诸葛亮去世后任用蒋琬主持朝政。他的属下有个叫杨戏的，性格孤僻，讷于言语。蒋琬与他说话，他也是只应不答。有人就在蒋琬面前嘀咕说："杨戏这人对您如此怠慢，太不像话了！"蒋琬

名家美文话格言

相关链接：有不虞之誉，有求全之毁。——《孟子·离娄上》

坦然一笑，说："人嘛，都有各自的脾气秉性。让杨戏当面说赞扬我的话，那可不是他的本性；让他当着众人的面说我的不是，他会觉得那是让我下不来台。所以，他只好不做声了，其实，这正是他为人的可贵之处。"后来，有人赞蒋琬"宰相肚里能撑船"。

还有这样一个故事。一个富人去请教一位哲学家，想知道为什么自己有钱以后很多人不喜欢他了。哲学家将他带到窗前，说："向外看，你看到了什么？"富人说："我看到外面有很多人。"哲学家又将他带到镜子前，

智慧

相关链接：处世让一步为高，退步即进步的张本；待人宽一分是福，利人实利己的根基。——洪应明：《菜根谭》

名家美文话格言

相关链接：己所不欲，勿施于人。——《论语》

问："现在你又看到了什么？"富人回答："我自己。"哲学家一笑，说："窗子和镜子都是玻璃做的，区别只在于镜子多了一层薄薄的白银。但就是因为这一点银子，便叫你只看到自己而看不到别人了。"这个富人恍然大悟。

"水至清则无鱼，人至察则无徒。"这句话之所以传诵至今，主要是因为它劝告人们待人应少苛求、多宽容，符合时代进步的主旋律。但是，时下也总有一些人喜欢背离这句话的本义，据此劝人凡事不必认真，要睁一只眼、闭一只眼，把它当作慈悲为怀的处世哲学，一味姑息迁就，放任自流，当"老好人"。如果是这样，这句话的意义就大打折扣了。殊不知，这种纵容非但不能赢得多数人的好感，换来所谓的"人缘"，反倒因为纵容缺点和错误，损害了大多数人的利益，反而无"徒"。

为人处世，事关政治立场、工作作风、精神状态、人品道德等原则问题，就应该细察真究，决不含糊；而对那些鸡毛蒜皮、无关宏旨、纯属个人性格方面的枝节问题，则不必责之过严。即使是"察"，也要持之有据、言之成理，不捕风捉影，不无中生有，不夸大其词，不简单粗暴。总而言之，处理事情，既要坚持原则，又不能绝对化；对待同志，既要真诚批评帮助，又要注意团结。

前事不忘，后事之师

相关链接：前车之覆轨，后车之明鉴。——《晋书》

臣主之权均①之能美②，未之有也。前事之不忘，后事之师③。

——《战国策·赵策一》

> **注**
> ①均：平均，相同。
> ②美：和好。
> ③师：借鉴。

●●●● 释义 ●●●●

　　君臣权势相同而能和好相处，在历史上还从来没有过。汲取从前的经验教训，可以作为以后做事的借鉴。

　　《战国策》是中国古代的一部国别体史书。全书按东周、西周、秦国、齐国、楚国、赵国、魏国、韩国、燕国、宋国、卫国、中山国等国依次分国编写，主要记述了战国时期纵横家的政治主张和策略。

　　《战国策》上记载了这样一件事。张孟谈帮助赵襄子巩固了政治地位，开拓了疆土，整顿了田亩，于是颂扬先主赵简子当初的治国之道，告诉赵襄子说："从前，先君治理赵国，有遗训说，五霸能够统率诸侯，其原因就是国君的权势足以控制群臣，不能让群臣的权势控制国君。所以，到了列侯这样地位的人，不能让他身居宰相之位；将军以上的人，不能让他们亲近文官大夫。因为上述两种人，挟权势，恃功劳，容易控制国君。现在，我的声誉已很显赫，地位也很尊贵，权力很大，大家都很服从；我希望放

名家美文话格言

相关链接：故察己则可以知人，察今则可以知古。——《吕氏春秋·慎大览》

弃功名，丢掉权势，成为普通一员。"

赵襄子听了以后，很不高兴地说："这是为什么？我听说，辅助国君的人，应该有显赫的美名；为国立大功的人，应该有尊贵的地位；领导国家的人，应该有重大的权力。自己心怀忠信，大家都会服从他。这是先圣之所以使国家安定的原因啊！您为什么要这么说呢？"

张孟谈说："您所说的，是成功之美；我所说的，是治国之理。我观察了历史事实，也听过古代的传说，我认为，天下一切美好的东西都

是相同的；可是，大臣与国君的权力如果完全相等，却还能美好，这是从来没有过的。汲取过去的教训，可以作为今后做事的借鉴。您如果不考虑这方面的问题，重蹈历史的覆辙，我就无能为力了。"说着他一阵心酸，有诀别之意。赵襄子最后同意了张孟谈的请求。张孟谈既不要权力，又不要地位，归还了封地，放弃了宰相的尊位，退职归隐，躬身务农去了。

"前事不忘，后事之师"，就出自两千多年前赵国的张孟谈之口。意思是说，不忘记往事留下的经验教训，就可以指导人做好以后的事情。提醒人们记住过去的教训，以作后来的借鉴。类似的格言警句还有很多，如"前车之覆，后车之鉴""不经一事，不长一智""吃一堑，长一智""察己可以知人，察今可以知古"等，说的都是同一个道理。

忘记过去意味着背叛。中国的抗战历史是我们的一笔宝贵的精神财富，也是中华民族的屈辱史和血泪史。八年抗战的胜利是全体中国人民的胜利，它为世界反法西斯战争的胜利奠定了坚实的基础，同时也激励着无数的中华儿女奋发图强、报效祖国的强大决心。而举世瞩目的"南京大屠杀"中，我们失去了三十多万骨肉同胞，留下的是永远的伤痛。但我们记住的是战争的残酷，忘记的是冤冤相报的仇恨。

有些事情，我们需要忘记，而有些事情，我们则要永远铭记。如何忘记，又如何铭记，该忘记哪些东西，又要铭记哪些内容，这是待人处事的态度。对待历史，对待人生，对待他人，都应采取"忘记"与"铭记"的态度。忘记是为了面向未来，铭记也是为了创造更加美好的明天。

小不忍则乱大谋

子曰："巧言①乱②德，小不忍③则乱大谋④。"

——《论语·魏灵公》

> **注**　①巧言：花言巧语。
> ②乱：扰乱。
> ③忍：忍耐。
> ④谋：谋划。

· · · · · · 释义 · · · · · ·

　　孔子说："花言巧语会使道德受到扰乱，在小事上不能忍耐，就会扰乱所谋划的大事。"

　　"忍"是中华文化中的一个重要概念。除了"小不忍则乱大谋"外，还有很多这样的格言警句，如"心字头上一把刀，遇事能忍祸自消""忍一时风平浪静，退一步海阔天空""忍得一时之气，免得百日之忧"等，都是教人要注意忍让，不要冲动行事。这既是一种个人修养，又是一种处世的谋略和智慧。苏轼在《留侯论》中说："匹夫见辱，拔剑而起，挺身而斗，此诚不足勇也；夫大勇者，猝然临之而不惊，无故加之而不怒，此所挟持者甚大，其志甚远也。"

　　汉初的淮阴侯韩信是一位叱咤风云的大将军，为汉王朝的建立立下了赫赫战功。但当初韩信为平民百姓时，家道贫寒，没有好品行，不能够被推选去做官，又不能做买卖维持生活，经常寄居在别人家吃闲饭，屡屡遭到周围人的歧视和奚落。但他"其志与众异"，抱有远大的志向，能忍受常人所不能忍受的事情。

淮阴屠户中有个年轻人侮辱韩信说："你虽然长得高大，喜欢带刀佩剑，其实是个胆小鬼罢了。"又当众侮辱他说："你要不怕死，就拿剑刺我；如果怕死，就从我胯下爬过去。"于是韩信仔细地打量了他一番，低下身去，趴在地上，从他的胯下爬了过去。满街的人都笑话韩信，认为他胆小。这就是史书上记载的"胯下之辱"。

韩信功成名就后，路过当地，派人把那个屠户找来，那人吓得魂不附体，心想死定了。韩信却对那人说："如果要杀他，我当年就可以杀了他。但当时我想，杀了他就得偿命，怎么能建立大丈夫的丰功伟业呢？不能因小失大，所以忍下了这口气，不然怎么会有今天呢？我今天要谢谢他，是他磨炼了我的意志！"果然，韩信不但没有杀他，还封了他一个中尉官衔。

人的一生中，令人愤怒甚至忍无可忍的事数不胜数，倘若都去斤斤计较，耿耿于怀，是成不了大事的。反之，只要胸怀大志，对于许多不愉快的小事不要放在心上，才能成就大事。

"能忍人所不能忍，而后能为人所不能为。"韩信是审时度势的，他守着一个"忍"字，正所谓"大丈夫能屈能伸"。

明朝正德年间，朱宸濠起兵反抗朝廷，王阳明将他一举擒获，立了大功。但当时深受正德皇帝宠信的江彬心里很不舒服，十分嫉妒，认为他夺走了自己建功立业的机会，于是就四处散布流言，说王阳明和朱宸濠本是同党，听说朝廷要派兵征伐，才主动抓住朱宸濠来自我解脱。王阳明得知这个消息后，十分不安，他想：如果退让一步，把功劳让出去，就可以避免不必要的麻烦。最后，王阳明将朱宸濠交给了总督张永，叫他报告皇帝，说擒获朱宸濠是总督军门和士兵的功劳，自己则称病到净慈寺修养去了。张永回到朝廷之后，大力称颂王阳明的忠诚和让功避祸的高尚之举，正德皇帝最终明白了事情的原委。王阳明因为忍让，避免了飞来横祸。

"小不忍则乱大谋"，这句话现在成了很多人的座右铭。有宏大志向、有崇高理想的人，是不会在一些无谓的小事上纠缠不清的，他们时刻怀有开阔的胸襟，远大的抱负。忍耐给了勾践自省的机会，教会了他思考；忍耐赋予了司马迁坚毅，成就了他的《史记》。这些都是值得称道的意志和

相关链接：留得青山在，不愁没柴烧。——凌濛初：《初刻拍案惊奇》

品格。当然，在现实的社会生活之中，敢作敢为、针锋相对无疑也是值得肯定的。我们既需要勇敢拼搏，据理力争的精神，也需要因时因势的忍让。一时的忍耐，将使你的人生道路变得更加广阔。"山重水复疑无路，柳暗花明又一村"，放弃某些东西，可能会让你得到更多；忍耐某些事情，可能会使你更加彰显。

相关链接：别有忧愁暗恨生，此时无声胜有声——白居易：《琵琶行》

莫愁前路无知己，天下谁人不识君

千里黄云①白日曛②，北风吹雁雪纷纷。莫愁前路无知己，天下谁人不识君③。

——高适：《别董大》

> **注**　①黄云：暮云。
> ②曛：昏暗。
> ③君：指唐玄宗时著名的琴客董庭兰。在兄弟中排行第一，故称"董大"。

●●●释义●●●

夕阳西下，天色昏暗，暮云密布，北风呼啸，大雪纷纷，大雁南飞。不要担心以后遇不到知己，普天之下有谁不认识你呢。

高适，字达夫，唐代诗人。高适和岑参是盛唐边塞诗派的代表人物，诗史上以"高岑"并称。高适的诗，现实性强，题材广泛，内容丰富，尤以边塞诗成就最高。感情真挚，语言质朴，气势豪放，遒劲有力，是高适诗风的基本特点。高适早期的诗歌大多感慨怀才不遇，仕途失意，也有一部分反映民生疾苦。他的一些边塞诗赞扬了边防将士的斗志，歌颂了他们以身殉国的豪情。高适官至左散骑常侍，封渤海县侯，世称"高常侍"，著有《高常侍集》。《旧唐书》称："有唐以来，诗人之达者，唯适而已"，对他评价颇高。边塞诗中的代表作有《燕歌行》《蓟门行五首》《塞上》《塞下曲》《蓟中作》《九曲词三首》等。

在古代赠别诗中，有许多凄怆缠绵、低回流连的作品，感人至深。但也有一些慷慨悲歌、满怀壮志的诗作，以它的坚毅、自信和豁达，绽放出豪放健美的色彩。高适的《别董大》便是这后一种风格的佳篇。尽管高适在作此诗时，正处在不得意的浪游时期，但诗人却以开朗的胸襟，豪迈的语气把临别赠言说得慷慨激昂，鼓舞人心。

分别总是痛苦的，但怎样对待则态度各有不同。"风萧萧兮易水寒，壮士一去兮不复返"，这是燕太子丹与刺客荆轲的"壮别"；"醉不成欢惨将别，别时茫茫江浸月"，这是白居易与客人的"惨别"；"世情已逐浮云散，离恨空随江水长"，这是贾至与王八员外的"愁别"；"蜡烛有心还惜别，替人垂泪到天明"，这是杜牧与妙龄歌女的"泪别"；而"莫愁前路无知己，天下谁人不识君"，则是高适与董大的"慰别"。真是"别"有一番滋味在心头！

在人的一生中，每个人都会遇到各种各样的分别。亲情、友情、爱情，哪一种分别都会使人愁绪万端。大学在一起生活学习的同窗，从四面八方走来，短短几年，刚从磨合到熟知，却又要离开已经熟悉的宿舍、教室和食堂，重新走向四面八方。分别的那一刻，你在为自己走向社会而感到兴奋的同时，回望校园，执手同窗，多少人相对无语，相拥而泣。年轻的战士，在军营摸爬滚打，最后又要脱下军装，告别战友，离开军营。分别的那一刻，你又有多少话想讲，可话到嘴边却无言，只能两行热泪挥挥手。其实，这样的分别，我们最应该说的，就是"莫愁前路无知己，天下谁人不识君"。因为我们每个人，还有各自的路要走，还有许多事情要去做，也还会经历许多的艰辛和挑战。我们不能过分地伤感，一蹶不振，而要相互勉励，更加振作起来。

相关链接：海内存知己，天涯若比邻。——王勃《送杜少府之任蜀州》

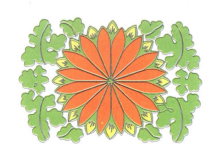

相关链接：子曰："过犹不及。"——《论语·先进》

欲速则不达，见小利则大事不成

无①欲速②，无见小利，欲速则不达③，见小利则大事不成。

——《论语·子路》

> 注　①无（wù）：不要。
> ②速：快。
> ③达：达到，成功。

●●●● 释义 ●●●●

做事不要只图快，不要只看到眼前小利，如果只图快反而会达不到目的，只贪求小利就办不成大事。

子夏是孔子的学生，他被派到莒父这个地方去做官，临行前，他专门去向孔子请教，问为政一方，怎样才能做出成绩。孔子语重心长地对他说，治理一个地方，是一件十分复杂的事情，但只要抓住了根本，也就很简单了。他再三叮嘱，做事不要单纯追求速度，不要贪图小利。单纯追求速度，不讲效果，反而达不到目的，只顾眼前小利，不讲长远利益，那就什么大事也做不成。子夏觉得老师说得很有道理。

现在，"欲速则不达"作为成语流传下来，被人们广泛使用，其意思是说，过于性急图快，反而会适得其反，不能达到目的。

《韩非子》上讲了一个战国时期关于齐景公的故事，说的也是"欲速则不达"的道理。

有一次，齐景公正在外面游玩。突然一名使者骑着快马从京城赶来，气喘吁吁地报告，说丞相晏婴病重，十分危险。景公一听，心急如焚，马上准备返回京城。接着又有一个使者来报，说晏婴命在旦夕。这下可把景公急坏了，他乱了方寸，立即叫人备好马，让韩枢驾驭，火速起程。景公坐在车上，急得像热锅上的蚂蚁，当然就觉得车子赶得不快。他不时催促韩枢快马加鞭，尽管马匹已经跑得浑身是汗了，可他还是觉得太慢，就一把夺过韩枢手中的缰绳，亲自驾驭。那些马并不听从景公的指挥，速度反而慢了下来。齐景公急得不行，索性把车子丢在一旁，徒步跑开了。等他赶回宫里，晏婴已是奄奄一息。他感慨地说："真是欲速则不达呀！"

人们无论做什么事情，都希望快一点，这是可以理解的。但如果方法不当，急于求成，结果往往会适得其反。那个家喻户晓的拔苗助长的故事，就把这个意思说得更为直白了。

宋国有个农民种了一块地，栽下禾苗后，天天巴望着快快长高，快快结出果实。他每天都到地里去看，总觉得长得太慢。有一天他突发奇想，辛辛苦苦地将禾苗一棵棵全部拔高了一大截。看着自己的庄稼一下子就比别人家的高了，他感到非常开心。马上跑回家，得意地告诉了家人这个好消息。他的儿子听到后，立刻跑到地里去看，结果发现他们家的禾苗全都枯死了。

在快节奏的现代社会，人们时刻都在提醒自己，一定要比别人快一点。一般说来，如果行动快捷，当然就会较早地到达目的地。但如果只强调速度而忽视工作质量，就会欲速则不达。越是匆忙，工作进程就可能会越慢。有时即使做完了工作，也可能是无用功，白费力气。

我们不论做什么事情，都要循序渐进。对于从政者来说，应该明白什么是小事，什么是大事。要把个人的荣辱当成小事，把老百姓的利益当成大事。不能不顾客观条件的限制，急功近利地强求"政绩"。对于商人来说，也要处理好义利关系。现在有一些奸商，为了一夜暴富，专门做一些假冒伪劣的商品，这就要不得了，最终只能是害人害己。这种人虽然可能得利一时，但如果一旦被发现、被查处，不仅所得的"小利"不保，甚至还有牢狱之灾，那不就是因小失大了吗？

"无欲速，无见小利"，是说无论做什么事情，都不要太着急，太求快，也不要贪图一些小利和小恩小惠。"欲速则不达，见小利则大事不成"，是说无论做什么事情，如果违反客观规律，贪图快，结果反而会更慢，甚至可能会失败，如果贪图眼前的一点小利，就成就不了大事业。这是一种高妙的处世智慧，有着现实的警世作用。

名家美文话格言

相关链接：日中则移，月满则亏，物盛则衰，天之常数也。——《战国策·秦策》

世事洞明皆学问，
人情练达即文章

世事洞明皆学问，人情练①达②即文章。

——曹雪芹：《红楼梦》

●●●● 释义 ●●●●

　　明白世上的事理，是一种学问，恰当地处理人际关系，总结出其中的规律就是文章。

　　《红楼梦》与《三国演义》《水浒传》《西游记》并称为"中国古典四大名著"。《红楼梦》第五回写道："……当下秦氏引了一簇人来至上房内间。宝玉抬头看见一幅画贴在上面，画的人物固好，其故事是《燃藜图》，也不看系何人所画，心中便有些不快。又有一副对联，写的是，世事洞明皆学问，人情练达即文章。及看了这两句，纵然室宇精美，铺陈华丽，亦断断不肯在这里了。"说的是贾宝玉到宁府赏梅花，一时欲睡午觉，便被秦氏引到屋里去睡。宝玉一到上房内间，就看见《燃藜图》，这是勤学苦读之喻。宝玉不喜欢读书做学问，所以看到此画心中便有些不快。当看到画两

智慧

相关链接：不患人之不己知，患不知人也。——《论语·学而》

065

边对联"世事洞明皆学问，人情练达即文章"，就更为反感了。因为宝玉厌恶人情世故，所以不肯在这样的房间里睡觉。

很多喜欢《红楼梦》的人都喜欢林黛玉，其实生活当中你真正喜欢的可能是薛宝钗。因为，谁都不愿意有一个言辞尖刻、爱使小性子的林黛玉式的朋友，而更希望有一个善解人意、审时度势的薛宝钗式的朋友。

"世事洞明皆学问，人情练达即文章"，这一对联是儒家的传统观念，表达的是儒家思想中入世的一面。

名家美文话格言

相关链接：人心之不同，如其面焉。——《左传·襄公》

现代社会，一个良好的人际环境对我们个人的发展是十分重要的。搞好人际关系，创造一种有利于自身发展的和谐的环境，对于我们的身心和事业的健康发展必不可少。"世事洞明""人情练达"说的是识事理、懂人情，这些为人处世的技巧现在越来越为人们所尊崇。

长期以来，人们习惯于将智商作为衡量人才的标准，重视智商而忽视情商。现代科学研究表明，人才成功的决定因素不仅仅是智商，还有情商。智商（intelligence quotient 简写成 IQ）是用以表示智力水平的工具，也是测量智力水平常用的方法，智商的高低反映着智力水平的高低。情商（emotional quotient 简写成 EQ）是表示认识、控制和调节自身情感的能力。情商的高低反映着情感品质的差异。

"情商"这个词是美国哈佛大学心理系教授丹尼尔·戈尔曼在 1995 年出版的书籍里提出来的。戈尔曼教授认为：人的成功，智商指数只占 20%，最重要的"其他因素"占到 80%。而这"其他因素"就是情商。

智商高的人，其接受学历教育程度和职业技能水平往往较高，具有非常丰富的知识，因获得了文凭、职业资格证书等，能够顺利地到一个单位就职或者从事一项研究工作，干好具体的事情，是那种大家认为的业务过硬、能力强、本事大的人。但如果智商虽高，却以此自负，情商低下，为自己周围并不理想的环境所困扰，那他的结局或是愤世嫉俗、孤芳自赏，与大家融不到一起，或是高不成低不就，一辈子碌碌无为，甚至走上高智力的邪门歪道。

情商高的人，有足够的勇气面对可以克服的挑战，有足够的度量接受不可克服的挑战，有足够的智慧来分辨两者的不同。他们情绪稳定，适应环境能力强，对外界没有过分苛求，对自己有适当的评价。他们对自己的素质、潜能、特长、缺陷、经验等有一个清醒的认识，对自己在社会工作中的角色有一个明确的定位。

人是有感情、有个性的智慧生命，人与人之间的关系是一种复杂而微妙的关系，每个人都有自己做人的原则和处事的技巧，在交往中要真正做到"人情练达"，并不是件容易的事。处理人际关系要把握好度，一味退让，息事宁人，就会丧失原则和尊严；一味在搞关系上花功夫，反而会成为人人讨厌的"人精"。所以，掌握好火候，把握好分寸，显得尤为重要。这就要靠每个人在实践中去磨炼、去领悟了。

相关链接：君子之交淡如水，小人之交甘若醴。——《庄子·山木》

天时不如地利，地利不如人和

孟子曰："天时①不如地利②，地利不如人和③。"

——《孟子·公孙丑下》

> **注**
> ①天时：自然的时序及阴晴寒暑的变化。
> ②地利：有利地势。
> ③人和：人心所向，团结一致。

●●●● 释义 ●●●●

　　孟子说："有利于作战的天气、时令，比不上有利于作战的地理形势，有利于作战的地理形势，比不上作战中的人心所向、内部团结。"

　　孟子在阐释"天时不如地利，地利不如人和"的道理时，用攻城作战的不同结果来说明问题。他说："三里的小城，七里的外城，包围着攻打它却不能取胜。包围着攻打它，必定是有天气时令的有利条件，这样却不能取胜，是因为有利于作战的天气时令比不上有利于作战的地理形势。城墙不可谓不高，护城河不可谓不深，武器装备不可谓不精良，粮食不可谓不多，但守城者弃城而逃走，这是因为对作战有利的地理形势比不上作战中的人心所向、内部团结。所以说，使百姓定居下来，不能依靠疆域的界限，巩固国防不能靠山河的险要，威慑天下不能靠武器装备的强大。施行仁政的人，帮助支持他的人就多。不施行仁政的人，帮助支持他的人就少。帮助他的人少到了极点，兄弟骨肉都会背叛他。帮助他的人多到了极点，天下人都会归顺他。凭借天下人都归顺的条件，攻打兄弟骨肉都背叛他的人，所以施行仁政的人要么不作战，作战就一定能够取得胜利。"

相关链接：得道多助，失道寡助。——《孟子·公孙丑下》

天、地、人三者的关系问题古往今来都是人们所关注的。三者到底哪个更重要，也就成了人们议论不休的话题。孟子从军事角度分析论述天时、地利、人和之间的关系时，观点鲜明地认为："天时不如地利，地利不如人和。"他认为三者之中，"人和"是最重要的，是起决定作用的因素，"地利"次之，"天时"又次之。这是与他重视人的主观能动性的一贯思想分不开的，也是与他论述天时、地利、人和关系的目的分不开的。正是从强调"人和"的重要性出发，他得出了"得道者多助，失道者寡助"的结论。

当年，秦国气势如虹，大有扫荡六国之势时，它却不敢对赵国用兵。因为赵国"文有相如，武有廉颇"。而最为重要的是，因两人之"和"，赵国已变得十分强大。廉颇"负荆请罪"的故事就一直被传为佳话。那时，蔺相如是一介书生，而地位却极高，廉颇十分不悦，到处扬言要羞辱他。而蔺相如以国家利益为重，不与他争名夺誉，总是想方设法避开他。最后，廉颇幡然悔悟，登门谢罪，从而避免了因两人不和而损害国家利益。秦国也没有机会乘虚而入了。

国家与国家之间的"和"也是非常宝贵的。每一个国家都有它自己的利益，能够在利益与利益之间寻求到平衡，以"和"相处，就更为难得。汉文帝在楚汉战争后，为使百姓休养生息，派使臣给南越王送了一封信，使得数十年边境无事，百姓安居乐业，遂有"文景之治"。而汉武帝穷兵黩武，用尽了文景时代留下的积蓄，虽扩大了版图，却使汉家开始走向衰落。

一位印度国王曾让手下做过一个实验：将 10 只羊关在一间屋子里，然后往屋子里放一筐鲜草；将 10 条狗关在另一间屋子里，然后往屋子里放几块肉。第二天国王打开第一间屋子的门，发现 10 只羊都安然地睡着觉，而筐中的鲜草都已被吃光。当国王打开第二间屋子的门时，他大吃一惊——10 条狗都遍体鳞伤，满身鲜血，奄奄一息，而几块肉却都还在那里。国王不由得感慨，假如狗能像羊一样和睦相处，不仅不会受伤，还能享用美味的肉。

中国哲学特别重视和谐，强调"以和为贵"。春秋时期的史伯说，"和实生物""以他平他谓之和"。孔子弟子有若说，"礼之用，和为贵"。"和"不仅是中国传统文化里的美德，也是现代文明风尚。

现在，"天时不如地利，地利不如人和"的思想更多地应用在待人处世上。"人和"指的是人与人之间的团结合作，是人际关系的一个重要准则。"人心齐，泰山移"，强调的就是"团结就是力量"。

相关链接：用众人之力，则无不胜也。——刘安：《淮南子》

将欲取之，必先与之

　　将欲歙①之，必固张之；将欲弱②之，必固强之；将欲废之，必固兴之；将欲夺之，必固与③之。

——《老子·三十六章》

> **注**
> ①歙：收敛，收拢。
> ②弱：削弱。
> ③与：给。

释义

　　将要收拢的，必定先扩张；将要削弱的，必定先强盛；将要废弃的，必定先兴起；将要夺取的，必定先给予。

　　《资治通鉴》开篇就讲了历史上有名的三家分晋。说的是晋国的三个大夫把晋国分为魏、赵、韩三个国家的事。

　　三家分晋之前，晋国王室的权力实际已经很小了，国家的大权主要掌握在智、赵、韩、魏四家大夫手中。

　　大夫智瑶有许多超人的优点，他一表人才、高大英俊，行事坚毅果敢，精于骑射、能写善辩，可谓才艺双全。但他有一个很大的缺点，就是胸襟狭窄，不够仁厚善良。发展到后来，他开始无故向另外三家大夫索要土地。当时的韩氏大夫韩康子不想给，他的家臣段规就对韩康子说："智瑶贪财好利，又刚愎自用，如果不给他，他肯定会率兵来攻打我们，不如给了算了。这样助长他的骄狂之气，他必定还会再向其他人索要，到时候若是有人不给他，他们打起来，我们就可以伺机行动了。"韩康子觉得说得很有道理，就照办了。果然，智瑶一看得来这么容易，就如法炮制，又向魏桓子索要。魏桓子也不想给，但一个叫任章的家臣说了同样的道理。任章还引用了《周书》中"将欲败之，必姑辅之；将欲取之，必姑与之"这样的话来支持自己的观点。魏桓子听了也同意给地了。

后来，智瑶变本加厉，但在赵襄子那里却吃了闭门羹。赵襄子死活不

给，飞扬跋扈的智瑶恼羞成怒，于公元前 455 年，统率智、韩、魏三家攻打赵氏。当时赵襄子明知不敌，就逃到晋阳城死守。晋阳城百姓有感于赵襄子父辈的宽厚仁德，同仇敌忾，与赵襄子一道死守城池，形成了僵持之势。智瑶开了一条水道，引水灌进晋阳城，但晋阳军民依然死守孤城。

为了分化敌人，赵襄子派了一个叫张孟谈的人，晚上偷偷出城，去游说韩康子和魏桓子。张孟谈说，唇亡齿寒啊！现在智瑶领着你们来攻打我们，如果我们被消灭了，下一步就轮到你们两家了。韩康子和魏桓子其实早就明白这个道理，大家一拍即合。最后，三家联合夹击，里应外合，一举大败智瑶。他们不但杀死了智瑶，还灭了整个智氏家族，最后三分天下。

"将欲取之，必先与之"，是先人从无数实践中总结出来的人生谋略。其意思是说，想要有所获取，必定先要给予和付出。

明朝时的翰林学士严讷，打算建造新居，但有一间民房却夹在其中，很煞风景，工程主管就打算买下这座房子。但民房的主人是一个经营豆腐生意的人，这间房子是祖上世代相传下来的，怎么也不肯答应出让。有人就把这事告诉了严讷，希望他出面去惩治这家主人。

严讷听后，淡淡一笑，说道："不必了，你们先去开工建造好了。"开始施工了，工匠每天需要食用大量的豆腐，严讷就让人全部到那家去购买，而且每次都交付现钱。民房主人忙得不可开交，增添了不少制作豆腐的工具，还招了不少帮工，店主也挣了不少钱。这时，那间房子便显得狭小拥挤，不搬也不行了。民房主人感激严讷的扶助之德，便将房契献给了严讷。作为回报，严讷在附近买了一处比较大的房子送给他们。民房主人非常高兴，很快便搬迁到新居了。

严讷对自己想要的东西，不是直接去强行索取，而是首先想到的是付出。他通过自己的给予和付出，最终达到了自己的目的。毛主席在《中国革命战争的战略问题》中也说："常有这样的情形，就是只有丧失，才能不丧失，这是'将欲取之，必先与之'的原则。"

现实生活中，我们想得到的东西很多。但在很多情况下，我们若想获得某些东西，其实最好的办法就是首先给予。为人处世，先付出，而后有回报，这是一种明智之举。

为政智慧

治国理政，是极其严格的，来不得半点马虎。为政者，唯有德才兼备，才能造福一方，为百姓所厚爱。主政者应该具备怎样的"德"和"才"呢？不妨以史为鉴。

名家美文话格言

相关链接：君子之德风，小人之德草，草上之风，必偃。——《论语·颜渊》

君仁，莫不仁

君仁，莫①不仁；君义，莫不义；君正，
莫不正。一正君而国定②矣。

——《孟子·离娄上》

> **注**　①莫：没有。
> 　　　②定：安定。

释义

国君具备仁德，就没有人不具备仁德；国君具备义德，就没有
人不具备义德；国君心性纯正，就没有人心性不纯正。只要国君内
心纯正，德性齐备，国家就安定了。

儒家认为，统治者的自身修养是教化百姓的先决条件，只要统治者
以身作则，言传身教，为臣民垂范道德人格，就可以实现天下大治。儒
家学派的亚圣——孟子，以"君仁，莫不仁；君义，莫不义；君正，莫
不正"，强调了统治者个人的德行对国家、黎民的巨大影响，认为统治者
的个人品行起着引导社会风气的重要作用。在当时的社会历史背景下，
君王位居于金字塔形权力机构的顶端，自上而下的权力构建，决定了社
会能否保持和谐安定首先取决于君王的操守。

那么，孟子眼中的国家统治者应该具备的理想德行和操守是什么呢？
他言简意赅地概括为："仁""义""正"。"仁"是儒家思想的核心内容。孔子讲"仁者爱人"，"泛爱众，而亲仁"。汉代儒家董仲舒说："作为道德原则，仁是指爱别人，而不是爱自己。""仁"是指人与人之间和睦友好的关系，是一种理想的境界。"义"是指正义。在人追求个人利益的过程中，当"义"与"利"发生冲突时，儒家旗帜鲜明地提出了"见利思义"，就是说看见利益要想一想该不该得；还有"重义轻利"，就是说要重正义轻功利。"正"是指行为举止规范得体，中规中矩，符合儒家思想。孟子认为，一个社会如果缺失了仁爱与正义，是因为这个社会组织的领导者不懂得仁爱，未能主持正义。

孟子极力主张仁政，是由于他对战国时代的社会状况极为不满。残酷的兼并战争和暴政使人民陷于水深火热之中，孟子对这种悲惨的社会状况进行

相关链接：君者仪也，民者景也，仪正而景正。——《荀子·君道》

名家美文话格言

相关链接：三代之得天下也，以仁；其失天下也，以不仁。——《孟子》

了猛烈抨击："争地以战，杀人盈野；争城以战，杀人盈城，此所谓率土地而食人肉，罪不容于死"，"民之憔悴于虐政，未有甚于此时者也"。

君王在封建社会具有至高无上的权力和无人能及的影响力，其品行无疑对臣民有着极强的示范作用。俗话说得好，上行下效，"上梁不正下梁歪"。历史上，不乏明君兴世、昏君败国的正反例子。如胸襟开阔、知人善任，堪称仁义典范的唐太宗，使唐朝经济发展，社会安定，政治清明，民富国安，出现了空前的繁荣，把中国发展为当时世界上最强大的国家。而重用阉党、荒唐昏聩、失仁寡义的明朝天启帝，由于朝政黑暗，导致江山岌岌可危。

儒家政治文化是一种伦理色彩非常浓厚的政治文化形态，其基本思路是以道德伦理统摄政治，其理想的社会是一个人人都有很高道德修养的社会，其解决社会政治矛盾、冲突的方式也是倡导用道德的方式。孔子讲："为政以德，譬如北辰，居其所而众星拱之。"在孔子看来，政治就是道德，即所谓"政者，正也"。董仲舒指出，"教，政之本也"，而教的内容就是三纲五常之类的道德伦常。理学的代表人物朱熹甚至讲："为政以德，则无为而天下归之。"

孟子将"国定"的希望寄托在君王的身上，期望依靠君王的个人德行以及人们的从善愿望，实现国家安定的美好目标。这种观点虽然有一定局限性，但他指出的社会风气与领导者作风直接相关的思想，是有其合理性的，对我们今天仍然有借鉴和警世意义。

相关链接：古者有语，唇亡则齿寒。——《墨子·非攻》

辅车相依，唇亡齿寒

谛所谓"辅车相依，唇亡齿寒"者，其虞，虢之谓也。

——《左传·僖公五年》

> 注　①辅：车两旁之板。
> 　　②依：依存。

••••• 释义 •••••

俗话所说的"辅与车相互依存，嘴唇没有了牙齿就会感到寒冷"，说的就是虞、虢两国现在的处境。

"辅车相依，唇亡齿寒"，出自春秋时期的一个典故。晋国的近邻有虞、虢两个小国。晋国想吞并这两个小国，计划先打虢国。但是晋军要开往虢国，必先经过虞国。晋国担心，如果虞国不让借道，甚至和虢国联合抗击，自己虽然强大，恐怕也难于得逞。

怎样才能顺利通过虞国呢？晋献公问手下的大臣。大夫荀息向晋献公建议："我们用名马和美玉作为礼物，送给虞公，估计那个贪恋财宝的虞公会同意的。"晋献公说："这名马、美玉是我们晋国的两样宝物，怎可随便送人？"荀息笑道："只要大事成功，宝物暂时送给虞公，还不等于是放在自己家里一样吗？"晋献公于是派荀息带上名马和美玉去见虞公。

虞国大夫宫之奇知道了荀息的来意，便劝虞公千万不要答应晋军的要

079

求，他说："虞国和虢国是近邻，我们两个小国相互依存，虢国灭了，我们虞国也就难保了。俗话说'辅车相依，唇亡齿寒'，借道给晋国万万使不得。"

宫之奇借"辅"和"车"、"唇"和"齿"之间的关系，来说明虞、虢两国生死相依的关系，已经说得十分透彻明白了。但目光短浅、贪财无义的虞公，却并没有听宫之奇的良言忠告，反而相信了晋国。他说：

名家美文话格言

相关链接：吾与元规休戚是同，悠悠之谈，宜绝智者之口。——《晋书·王导传》

"人家晋国是大国，现在特意送来名马、美玉跟咱们交朋友，难道咱们让他们借道通过都不行吗？"

虞公不但答应"借道"，而且愿意出兵帮助晋军，一同去打虢国。宫之奇预料到国家将亡，无法挽救，只得带着家小，趁早逃离了虞国。

这样，晋献公在虞公的"慷慨帮助"下，轻而易举地灭了虢国。晋军得胜回来，驻扎在虞国，说要整顿人马，暂住一个时期，虞公还是毫无戒备。不久，晋军发动突然袭击，一下子就把虞国也灭了。虞公被俘，名马和美玉仍然回到了晋献公的手里。"辅车相依，唇亡齿寒"，比喻两个事物之间关系非常密切，相互依存，失去了其中的一个，另一个也就保不住了。

信陵君窃符救赵这件事也说明了这个道理。秦国包围了赵国首都邯郸，要一举灭赵，再进一步吞并韩、魏、楚、燕、齐等国，完成一统。诸侯各国都被秦国的兵威所慑，不敢援助。魏国是赵国的近邻，又是姻亲之国，所以赵国只得向魏国求援。就魏国来说，深知唇亡齿寒的道理，救邻即自救。信陵君认识到了这一点，不惜冒险窃符救赵，抗击秦兵，终于保障了两国的安全。

《伊索寓言》上有一则"马和驴"的故事。某人有一匹马和一头驴。在旅途中，驴对马说："你如果肯救我一命，请分担一点我的负担。"马不听。驴筋疲力尽，倒下死了。主人把所有的货物，连同那张驴皮，都放在马背上。马哭着说："真倒霉！我怎么这么不幸？我不肯分担一点负担，却驮上了这全部的货物，还加上这张皮！"在现实生活中，我们也经常听到或看到类似事情的发生。

全球化是我们这个时代最为明显的特征，是一种客观趋势，是时代潮流。在全球经济一体化加速发展的今天，各国之间的相互依存度明显增强，应当利益共享，责任同担。1997 年发生的亚洲金融危机，更加凸显了这种关联。在亚洲金融危机期间，不仅泰国、印尼、韩国的国内经济衰退，包括中国在内的整个东南亚经济也遭受了冲击，世界的经济也受到了不同程度的影响。因此，在全球化背景下，国际关系应以多边主义和共同合作为基础，以实现世界共同发展为目标，进一步开展以平等互利为原则的国际合作，彻底解决当今世界经济发展面临的紧迫问题，实现真正的共赢、共享、共荣的全球化目标，共建和谐世界。

名家美文话格言

相关链接：治国无法，则民朋党而下比，饰巧以成其私。——《管子·君臣上》

法度行则国治，
私意行则国乱

蔽①失政②而危亡也。故法度③行则国治，私意行④则国乱。
——《管子·明法解》

> **注**
> ①蔽：指君主受到蒙蔽。
> ②失政：政令有过失，或不能推行。
> ③法度：法令制度。
> ④私意行：指政令出于私意。

●●● 释义 ●●●

　　君主受蒙蔽，政令不能推行，国家就危亡了。因此，法令通行，国家就治理得好；政令出于私意，国家就混乱。

　　法律作为统治阶级意志的表现，在阶级社会里是有阶级性的。中国封建社会的法，是为封建社会服务的，但是其强调法制重要的思想，在今天仍有借鉴意义。"法度行则国治，私意行则国乱"，强调了法制对维护国家政权稳定和社会安定的重要性。人类政治文明发展的历史证明，没有法制，就不可能有文明的政治，也不可能有社会的和谐。

　　秦始皇为了巩固统一成果，吸收六国法律中较好的成分，制定了更为严密的法律。中国古代史上曾经出现过的几次盛世局面，如文景之治、贞观之治、康乾盛世等，所表现出的一个共同特征，就是封建法制相对健全和完善。法盛则政兴，良好的法律秩序成为盛世的基础。

但是不是有了法就高枕无忧了呢？当然不是，关键还要看是否严格执行。古时候，楚国南部的丽水产金，很多人都去偷采。国王下令禁止，有犯禁被抓到的，立即处以磔刑示众。被磔而死者很多，尸体把丽水都塞满了，但偷采依然没有被禁绝。刑罚没有比磔更重的了，但仍不能禁绝，原因是偷采的人不一定被抓到。如果明确把整个天下都给你，但一定要杀死

智慧

相关链接：法不阿贵，绳不绕曲。——《韩非子·有度》

相关链接：治强生于法，弱乱生于阿。——《韩非子·外储说右下》

你，庸人也不会要。得天下这么好的事还没有人要，那是因为知道必死。偷着采金的人，就是抱着一种不一定死的侥幸心理，所以虽有被处磔刑的危险，还是禁而不止。如果加强防范，凡有偷采者一定被抓到，无一幸免，使人们知道犯禁必死，这样，即使是得到整个天下这样的大利，也不会有人去干了。

东汉后期思想家王符认为法令能否施行的关键，在于人君能否与臣民共同遵守，"君敬法则法行，君慢法则法弛"。在法自君出的封建社会，皇帝一方面凌驾于法律之上，另一方面在一定条件下也遵循法律的规范。汉文帝以身作则，奉公守法，才有了张释之的执法公平；唐太宗有"法者非朕一人之法，乃天下之法"的思想，才有了功臣屈法而下诏治罪之举。

在保证法令顺利施行方面，监察制度在监察百官、纠举失职、监督司法，以使官吏公正执法上发挥了重要作用。中国古代的监察机构在维护皇权的前提下，独立地行使监察权，自成体系，不受行政系统干涉，起到了应有的法律监督作用，为封建法制的推行起到了保证作用。依法约束权力，法制就能得以维持，国家才会安定；权力超越了法律，社会秩序就会混乱。以法律约束权力是维系法制的根本，古代如此，现代也如此。

"法度行则国治，私意行则国乱"，这是被古今中外历史所证明的为政之道。法律，既是社会发展的产物，又对社会发展产生着重要的作用。依法治国，是我们对政治、经济、文化和社会事务进行管理的有效方式。

与时变，与俗化

不慕①古，不留②今，与时变，与俗③化。

——《管子·正世》

> **注** ①慕：迷信。
> ②留：停留，拘泥于。
> ③俗：习俗，风俗。

❀❀❀释义❀❀❀

不迷信古代，也不拘泥于当今，应随时代和习俗的发展而不断变化。

齐国历代明君贤相的政治革新精神，是齐国繁荣富强的重要政治因素。齐国开国君主姜尚封齐以后，采取了"因其俗，简其礼"的治国方略，奠定了齐国政治革新的文化传统。春秋初年，齐桓公继位，以管仲为相，又采取"修旧法，择其善者而业用之"的政治变革方略，民富国强。战国时，齐威王效法桓公和管仲，大胆改革，励精图治，使齐国成为战国七雄之一。齐国的兴盛，为后世提供了宝贵的政治经验。

管仲是法家的先驱，法家对历史持有进化论观点，他们认为时代在不断变化，法也应随时代变化而"变法""更法"。管仲非常强调治理国家要有创新精神，认为君主要想治理好国家，就必须在维护社会稳定的基础上，不断调整政策措施和管理方法。"不慕古，不留今，与时变，与俗化"，是其创新思想的高度概括。齐国统治者正是依靠这一思想促进了经济社会的发展，成就了自己的霸业。

"不慕古"反对的是因循守旧、抱残守缺；"不留今"是提示人们不要受现实所惑，陶醉于今日的成就中；"与时变"倡导的是因时而变，顺应潮流；"与俗化"即随着习俗一起发展。

秦国的商鞅力主变法，酝酿了一场波澜壮阔的"变法图强"的改革。针对杜挚提出的"法古无过，循礼无邪"的论调，商鞅说："圣人不法

古，不循今。法古则后于时，循今则塞于势。"商鞅掀起的这场改革，使秦国后来居上，一跃而成为霸主强国。此后吞并六国，一统天下。

一切事物都随着时间的推移而变化，必须因时而变。这是我国古代重要的哲学思想。庄子说"与时俱化而无肯专为"，商鞅提出"当时而立法，因事而制礼"，韩非子要求"世异则事异，事异则备变"。我国古代思想家这些求新求变的思想，是中华民族生生不息的内在动力。

如果抱着旧思想、旧制度不放，则不能容纳新生事物；迷信"圣人之言"，循规蹈矩，必然失去对事物的判断能力。面对周朝"礼坏乐崩"的颓局，孔子想力挽狂澜，"一匡周室"。他不辞劳苦周游列国，到处推广他的"仁义"学说，却总是四处碰壁。当回天乏术的孔子看到大江东去时，不禁怅然喟叹："逝者如斯夫，不舍昼夜！"

我们今天说的"与时俱进""开拓创新"，与管仲提出的"与时变，与俗化"的思想息息相通。我们正在进行的中国特色社会主义建设事业，是前无古人的事业。改革开放中出现的许多新情况、新问题、新矛盾，只有靠我们自己"与时变，与俗化"，用智慧和胆识去解决。

相关链接：松柏之下，其草不殖。——《左传·襄公二十九年》

兼相爱则治，交相恶则乱

天下兼①相爱则治，交相恶②则乱。

——《墨子·兼爱上》

> **注**
> ①兼：互相。
> ②恶：仇恨。

释义

大家友好相处，天下就能得到治理，若相互间视为寇仇，就会天下大乱。

"兼相爱，交相利"是墨家政治思想的核心。"兼相爱"，意思是不分亲疏、贵贱、贫富，一视同仁地爱所有的人。"交相利"，主张人们互相帮助，共谋福利，反对互相争夺。把这一思想用于人与人之间的关系上，是兼爱互利；推及到国与国之间的关系上，就是主张"非攻"，反对不义之战和掠夺。

墨子提出"兼相爱"的思想是对儒家"仁爱"思想的一种突破，有其进步意义。孔子儒学思想是中华民族优秀传统文化的重要内容。孔子建立了以"仁"为核心，以"复礼"为目的的思想体系，作为整个儒家的理论基础。但这种"仁爱"思想中的"君君、臣臣、父父、子子"等观念，带有浓厚的宗法等级色彩。虽然墨子曾"修儒者之业，受孔子之术"，但他主张的是"兼相爱"，反对将人等级对待。

《墨子·公输》篇中记载了这样一个故事，可以帮助我们更好地体会墨子的"兼爱非攻"思想。战国时期鲁国著名的工匠公输班，人称鲁班，是我国古代最优秀的土木建筑工匠。他为楚国制造了一种称为"云梯"的新式兵器，用于攻打敌国的城门。墨子听到这个消息后，赶到楚国国都。墨子见到公输班后说："北方有一个人欺侮我，我希望借助你的力量杀死他。"公输班听了没有任何表示。墨子接着说："我可以给你很多钱，作为你杀人的报酬。"公输班回答说："我是讲道义的人，不会因为报酬去杀人。"墨子说："楚国是大国，人口不多而土地辽阔，可是它却准备攻打弱小的宋国，这是非正义战争。你口口声声说不杀人，可是一旦发生战争，有多少无辜的平民会因为你的新式武器而死去，这跟你亲手杀人又有什么区别呢？"公输班便推诿说，攻打宋国的计划是楚王的决定。于是墨子和公输班去见楚王。

见了楚王，墨子并没有先说战争。他对楚王说："我想请教大王一个问题。"楚王问他是什么问题。墨子说："现在有人放着自己漂亮的车子不要，却想偷邻居家的破车，舍弃自己漂亮华贵的衣服不要，却想偷邻居家的旧衣服，这是怎样的一种人啊？"楚王马上说："这人肯定有偷窃的毛病。"墨子抓住时机，马上说："楚国有广阔的土地，而宋国只是一个小小的国家，这就如同一辆漂亮的车与一辆破车的对比，楚国物产丰富，而宋国物产贫乏，这就如同漂亮的衣服和旧衣服的对比，所以我认为楚国攻打宋国，跟那个犯了偷窃毛病的人是一样的。"楚王蛮横地说："你说得好，可是公输班已经为我造好了云梯，我是一定要攻打宋国的。"墨子不慌不忙地说："云梯并没有想象的那样厉害，不信我可以与公输班模拟作战一场。"

楚王于是为他们准备了道具，包括城墙、守城的器械、云梯及其他攻城的兵器。公输班模拟攻打宋国的城墙，结果任由他多次改变攻城的战术，都被墨子抵挡住了。公输班攻城的器械用完了，墨子守城的方法还有余。最后楚王决定不攻打宋国了。

在国际关系上，我国一贯奉行"和平共处五项原则"，这是对"兼相爱，交相利"等中国传统文化精华的继承和发扬。互相尊重主权和领土完整，互不侵犯，互不干涉内政，平等互利，和平共处，这五项原则反映了新型国际关系的本质特征，是一套完整的行为规范，是国际社会普遍接受

相关链接：博爱之谓仁，行而宜之之谓义。——韩愈：《原道》

的行之有效的原则。和平与发展是当今时代的两大主题，建设一个多极化、多样化的世界，最能反映世界各国人民特别是广大发展中国家人民的共同愿望。只有天下"兼相爱"，才能建设一个秩序良好、和谐相亲的世界。

为政之要，惟在得人

为政之要①，惟在得人，用非其才，必难致②治。

——吴兢：《贞观政要·崇儒学》

注　①要：关键。
　　②致：达到，实现。

●●●● 释义 ●●●●

　　执政的关键任务，只在于得到人才。使用人才不发挥他们的长处，必然难于达到治理好国家的目的。

　　明末清初的思想家王夫之说："唐多能臣，前有汉，后有宋，皆所不逮。"这句话高度评价了贞观时期人才济济的盛况。在封建社会，人才问题主要是官吏问题。唐太宗在总结历代兴亡的教训，尤其是从隋文帝重用贤相高颎取得重大政绩，隋炀帝杀戮高颎则招致灭亡的教训中，深刻认识到治国不能凭一己之力，必须依靠一大批有才干的官吏，稳定和巩固自己的统治。要安定天下，作为君主切不可独断专行，否则会使决策错误百出，最终导致王朝的灭亡。为此，唐太宗把笼络人才、用好人才视为国家安危的关键。

　　唐太宗在和臣下的谈话中反复强调这一点，他曾对大臣说："为政之要，惟在得人，用非其人，必难致治。"他还说："能安天下者，惟在用得贤才。"可见，唐太宗十分注重用人，深知人尽其才的重要性。

在中国古代，有许多任人唯贤、知人善任的帝王将相。周公是周武王之弟，他帮助武王灭殷，后又辅佐成王，建立各种典章制度，巩固了周王朝的统治。周公虚心待贤的事广为称道。有人求见，他尽管在洗头，手里握着头发，也要急着先去接见，口里含着食物，来不及咽下，就立刻吐出来去接见，不敢有丝毫怠慢。周公求贤若渴，待贤真诚，所以全国归顺。

战国时期，有一次齐威王与魏惠王一起到郊外打猎，惠王问威王："你身为齐国之王，收藏了一些什么宝物呢？"齐威王答道："没有。"魏惠王说："像我这样的小国，我都藏有直径一寸大的珍珠好几颗，这种珍珠所发出的光彩可以照耀 12 辆车子。你这千乘之国，何以一件珍宝都没有？"齐威王回答说："我有一些珍宝，但是与你所说的珍宝不同，

我有一个叫檀子的臣子，我派他驻守高唐，北方的赵人不敢来打鱼；另有一个臣子叫黔夫，我派他驻守徐州，能管理徐州那里四方来往的百姓7000多户；我还有一个臣子叫种首，我叫他防备盗贼，百姓可以路不拾遗、夜不闭户。像这样的珍宝，它的光辉可以照耀千里，何止12辆车子？"齐威王的这席话，道出了齐国之所以富强的原因，那就是"得人"。

汉高祖刘邦用人，不论出身贵贱，只要你是贤能之士，他都喜欢。如萧何是县吏，张良是贵族，韩信是混子，陈平是游士，樊哙是狗屠，彭越是强盗，周勃是吹鼓手，灌婴是布贩，等等，可谓三教九流，他都量才录用，各尽其长。所以他谋臣如林，猛将如云，终于成就了统一大业。可见，人才的得失是事业兴衰、成败的关键。

重视人才说说容易，做到则很难。往往由于选人者缺乏胆识、责任感不强，或者人才本身还处于潜在状态，其才能一时还显露不出来等原因，致使许多难得的人才被耽误和埋没。如何发现人才呢？唐太宗令封德彝举贤，他虽然经过了努力，却认为并没有什么贤能之士可以举荐。唐太宗生气地说："君子用人如器，各取所长就行了。"

古人的求才、用才的思想对我们今天如何发现人才、使用人才也有借鉴作用。用人不能拘泥于出身、名望、资历等世俗偏见，而下不了用才的决心；更不能出于私心和偏狭，只爱用身边人或小圈子中的人，否则就不能真正找到能人了。

发现人才在于使用人才。我们应当人尽其才、才尽其用，真正让有才之人有用武之地，最大限度地为社会贡献聪明才智。人才浪费，是最大的资源浪费。现在有些领导和单位一方面大声呼唤人才，甚至高薪延揽人才，另一方面又将拥有的人才束之高阁，当成了装潢门面的摆设。

金无足赤、人无完人。我们对人才不能求全责备，要扬其长、避其短，形成群贤毕至的局面。

相关链接：我劝天公重抖擞，不拘一格降人才。——龚自珍：《己亥杂诗》

忧劳兴国，逸豫亡身

忧劳①可以兴国，逸豫②可以亡身。

——欧阳修：《新五代史·伶官传序》

> 注
> ①忧劳：辛苦操劳。
> ②逸豫：安逸享乐。

释义

　　辛苦操劳国事可以使国家兴盛发达，追求安逸享乐容易招致自己的灭亡。

　　欧阳修的《新五代史·伶官传序》是借古讽今之作，借五代讽北宋。五代，指唐宋之间的五个封建朝廷，即后梁、后唐、后晋、后汉、后周，是我国历史上的动荡时代。在这53年间，先后换过四姓十四君，篡位、弑君现象屡见不鲜，战乱频仍，后唐庄宗李存勖就是被杀的一个。李存勖能征善战，谙熟用兵之术，以弱胜强，灭朱梁而建后唐。但他称帝后，心满志骄，大修宫殿，闭口不谈将士劳苦，而且以声色自娱，迷恋优伶，被伶官所惑，伶官得以重权在握。当叛乱四起时，拥有兵权的伶官史彦琼拒不发兵。庄宗亲征败北，众叛亲离，伶官郭从谦又乘危作乱，乱箭射死庄宗。

　　一百多年后，欧阳修就此事发表感慨，告诫北宋统治阶级要以史为鉴。当时，北宋王朝建立后，随着土地和财富的高度集中，北宋的统治集团日益腐化。由于北方少数民族的不断进犯，民族矛盾也日益尖锐。面对这种形势，北宋王朝不但不力求振作，反而忍受耻辱，每年都靠纳币输绢以求苟安。作为史学家的欧阳修，在撰写《新五代史·伶官传序》时，通过对五代时后唐盛衰过程的具体分析，着重说明事非天定、成败由人，告诫北宋统治阶级要力戒骄奢，防微杜渐，以免重蹈"得之难而失之易"的覆辙。

后唐庄宗李存勖是因为他的艰苦奋斗、发愤图强而成功，他的失败又是由于他居功自傲、贪图享乐。可见，"忧劳"与"逸豫"对一个人，乃至一个国家是多么的重要。

欧阳修的这两句寓意深刻的话，告诫世人：若要想振兴国家，首先得历尽艰辛干出一番事业，打出一片自己的天地。俗话说得好，"不经历风雨，怎能见彩虹"，若只图享乐，不思进取，必定会使自己一败涂地，遗臭万年。

智慧

相关链接：安不忘危，盛必虑衰。——班固：《汉书·傅常郑甘陈段传》

相关链接：宴安鸩毒，不可怀也。——《左传·闵公元年》

中国人民向来有着很强的忧患意识，特别是在国家动荡、民不聊生时更是如此。忧患意识贯穿整个中国传统文化的发展过程，是推动社会不断发展的动力源泉，激励着中华民族不断觉醒和奋发图强。孔子说"人无远虑，必有近忧"，孟子讲"生于忧患而死于安乐"，从个人与国家的角度强调了保持忧患意识的重要性。西汉时期几代人都在谈论总结秦朝灭亡的历史教训，从汉高祖时的陆贾到文帝时的贾谊，再到武帝时的徐乐，都把总结秦亡的教训当作他们那个时代的重大问题来看待。魏征即使在大唐盛世，也规劝皇帝"居安思危，戒奢以俭"，以实现长治久安。

"忧劳兴国，逸豫亡身"的例子在中国封建史上屡见不鲜。清康熙帝8岁即位，14岁时开始处理政事，16岁就智取鳌拜，接着是平定三藩，又收复宝岛台湾，还两次西征葛尔丹。他一生勤政爱民，励精图治，开明进取，为国操劳，是中国历史上握权最久、政绩卓著的皇帝。正因为他一生为国费尽心血，才使国家进入兴盛时期。隋炀帝杨广，荒淫奢侈，急功近利，残酷猜忌，最终引起战乱败国，被宇文化及弑于江都。

"忧劳可以兴国，逸豫可以亡身"这句至理名言，时至今日仍有极强的现实意义。与先进发达国家相比，我们还很落后；与人民的要求和愿望相比，我们还存在不小的差距。同时，伴随着改革开放的不断深入，一些落后的思想和腐朽的生活方式也通过各种渠道影响着我们，意识形态领域还面临许多新的问题。因此，我们决不能高枕无忧。唯有常怀忧患之思，常怀自警之心，砥砺不息，才能使事业兴旺发达，国运昌盛。

中华民族是我们共同的家园，"振兴中华"应成为每一个中国人的心声，"忧劳可以兴国，逸豫可以亡身"应成为每一个中国人的座右铭。

相关链接：民少官多，十羊九牧。——《隋书·杨尚希传》

宁以事胜人，无以人胜事

任官者，宁①以事胜②人，无以人胜事。

——杨万里：《冗官》

> **注**　①宁：宁可。
> 　　　②胜：超过。

····● 释义 ●····

担任官吏的人，宁可事多人少，决不可人浮于事。

杨万里是南宋杰出的诗人，在当时很有名。他与陆游、范成大、尤袤齐名，合称"南宋四大家"。杨万里批判冗官，写出"宁以事胜人，无以人胜事"的警世名言，不是无病呻吟，而是对当时社会弊端的敏锐感悟和深刻批判。

中国历史上，自宋朝之后官员冗滥现象愈演愈烈，官场越来越臃肿。《宋史·食货志》说："承平既久，户口岁增。兵籍益广，吏员益众。佛老外国，耗蠹中土。县官之费，数倍于昔。百姓亦稍纵侈，而上下始困于财矣！"宋朝的冗官、冗兵、冗费极其突出，到宋神宗熙宁年间，国家财力消耗殆尽，国库完全亏空。这也是宋神宗下决心起用王安石实行变法的背景之一。

汉代初期的地方行政制度只有郡、县两级，唐代地方行政也只有州府、县两级。宋太宗至道三年（公元997 年），在州府上面又加了一级政权叫"路"，竟然设置了四个行政长官，即帅（安抚使）、漕（转运使）、宪（按察使）、仓（常平使），分别掌管军事、财政、司法、救济等要务，且四个长官直接向皇帝负责，互不从属。这样，州县从过去只承奉一个顶头上司，变成需承奉四个顶头上司，不堪重负。宋代中央机构也是叠床架屋，职责不清。由于宋朝皇帝吸取唐代藩镇割据的教训，特别着眼于牢牢控制军队和官吏，一方面加强对官员的监察，限制官员的权力；另一方面则让官员大肆获取做官的好处，甚至宁愿将官员养起来，恩荫制度极滥，官员数目空前

庞大，吏治松弛疲软。官吏多必定衙门多，衙门多又必须官吏多，并在正式机构外设立名目繁多的编外机构，人浮于事，恶性循环，效率低下。官吏的冗滥，为官吏贪赃枉法、买官卖官大开方便之门，官官相护，结党营私，"文官总爱钱，武官多怕死"，成了官场不可遏制的风气和规则。官商勾结，与民争利，成为社会公害，如与赈贷、盐政、漕运、专买、税关、营建、水利工程等有关的职位，都成为官员大肆敛财的肥差。官员数量尽管已经臃肿不堪，大小职位却还是不够分配，"士十于官，求官者十于士，士无官，官乏禄，而吏犹扰人"成为普遍现象。冗官，其实也是一种腐败。从历史上看，宋朝和清朝后期冗官最多，宋朝和清朝后期恰恰是我国历史上国家综合力量最弱小、政治上最腐败的时期。

历史的教训值得借鉴。长期以来，在我国的许多地方，也不同程度地存在着机构臃肿、人员冗杂、行政成本高、行政绩效低的情况。部门之间的职能交叉、政出多门、权责不清现象十分突出。传统的由多个部门共同管理同一项工作的做法，看起来是加强领导，实际上是减轻了部门责任，降低了工作效率，增加了行政成本。

整合相关部门，合理设计机构职能，将机构的设置与运转调整到与社会需求相适应的状态，提高效能，成为人们对机构改革的迫切期待。

市场经济是社会进步发展的经济趋势，也是政府进行现代转型的基本依据。我国由于长期受计划经济的影响，滋生了大量的适合计划经济但不适合市场经济的政府机构。这些机构不但增加了行政成本，而且也阻碍了市场经济的有序发展，改革刻不容缓。那些不适应市场经济要求的机构应当合并或撤销，把本该由市场来调节的经济事务回归市场，确保经济社会的发展活力。

公生明，廉生威

惟公^①则生明，惟廉则生威^②。

——洪应明：《菜根谭》

> **注** ①公：公正，公平。
> ②威：权威，威信。

●●● 释义 ●●●

只有公正才会产生清明，只有廉洁才会产生威信。

　　宋朝是我国理学的鼎盛时期。周敦颐等人首创理学，他们把"理"或"天理"说成是宇宙万物的本源，所以称为理学。在我国古代哲学史上有一位被史学家称为"明初理学之冠"的大学者，他就是曹端。在为政方面，曹端也颇有建树，他积极倡导为政要"公廉"。

　　明代洪应明在《菜根谭》中，也提出了"公生明，廉生威"的论断。"居官有二语曰：'惟公则生明，惟廉则生威。'"为政者要想树立威望，要更多地依靠自身的公正与廉洁。

　　《韩非子·说难》中有一则"智子疑邻"的寓言："宋有富人，天雨墙坏。其子曰：'不筑，必将有盗。'其邻人之父亦云。暮而果大亡其财，其家甚智其子，而疑邻人之父。"故事中，虽然富人的儿子和别人在事前都成功预计到"必将有盗"，但富人却受感情亲疏所左右，认为自己儿子的先见之明是聪明，而"邻人之父"的先见之明则是早有预谋。所以，我们要想获得客观公正的正确认识，就必须理智客观地分析研究事物，不能带有个人感情色彩。

　　包拯公正执法、铁面无私。他在庐州府做官时，他的堂舅父贪赃枉法，被人告到官府里。他立即派人将其捉拿归案，依法处理。有些亲戚原本指

相关链接：惟正己可以化人，惟尽己可以服人。——申居郧：《西岩赘语》

望沾光获利，见他如此公正，于是打消了念头。岳云犯军规，岳飞不因他是自己的儿子而有所偏颇，仍按军法处置，令全军上下称赞不已。岳家军行军迅猛，杀敌勇武，这与岳飞的公正无私是分不开的。

古往今来，广受敬重、威名远播的为官者，都是以德服人，以廉生威。曾当过明朝知县的郭允礼在《官箴》中为我们留下了这样的名言："吏不畏吾严而畏吾廉，民不服吾能而服吾公，公则民不敢慢，廉则吏不敢欺，公生明，廉生威。"郭允礼在任河北无极县令时，还将此言题写在一块碑上，镶嵌在县衙大堂的墙壁上，作为警示自己的居官座右铭。

公正无私地处理政务是古代吏治思想的一个重要方面。讲求个人操守，为官清廉，则是古代吏治思想中，与公正无私相辅相成的另一个重要方面。没有自身清廉的保证，为官者处理政务就做不到公正无私。公廉思想，是我国优秀传统文化中有关吏治方面的核心内容。"公"是公正无私、品德高尚，"廉"是廉洁自律、清白做人。"公廉"对公职人员来说缺一不可。无"廉"而妄求"公"，无异于缘木求鱼，最终根本无法做到真正的"公"；有"廉"而不进取"公"，则是无所作为，也会枉民。

要保证"公生明，廉生威"，就要建立起监督机制，使"官有所畏"，"仰畏天，俯畏人"，不敢腐败。"不自重者致辱，不自畏者招祸"，为官者有所惧怕，才不敢为政不公，才不敢为政不廉。

子帅以正，孰敢不正

季康子问政于孔子。孔子对曰："政者，正也。子帅①以正②，孰敢不正?"

——《论语·颜渊》

> **注**
> ①帅：表率。
> ②正：端正。

••••• 释义 •••••

季康子问孔子如何治理国家。孔子回答说："政就是正的意思。你本人带头走正路，那么还有谁敢不走正路呢?"

在孔子的政治思想中，对为官者的要求是十分严格的，他认为正人必先正己，修己才能安人。只要身居官职的人能够正己，那么手下的大臣和平民百姓就会归于正道。所以当季康子向他问起"为政"之事时，孔子告诫他说："政者，正也。子帅以正，孰敢不正?"孔子还说过许多类似的话，比如，"其身正，不令而行；其身不正，虽令不从""苟正其身矣，于从政乎何有? 不能正其身，如正人何"，等等。所谓"修身，齐家，治国，平天下"，在孔子看来，只有管理好自己才能管理好别人。任何一个领导者，都存在着起表率作用的问题。如果自己制定并要求别人遵守的规章制度、道德准则，自己首先违背乃至践踏，就不可能使组织内其他人信守。

诸葛亮自 27 岁出山辅佐刘备，南征北伐，直到 54 岁病死在战场上，他的一生一半为民，一半为官。而在他的 27 年宦海生涯中，在处理己与人、事与物、国与家的过程中，始终注重正身养德、严于律己。诸葛亮是千百年来智慧的化身，他深受儒家思想的影响，他认为："夫释己教人，是谓逆政，正己教人，是谓顺政，故人君先正其身，然后乃行其令。身不正则令不从，令不从则生变乱。"诸葛亮把当官者的官德同社会的安定联系起来，认为"屋漏在下，止之在上，上漏不止，下不可居也"。诸葛亮是这样说的，也是这样做的。他时刻注意塑造自身良好的政治形象，不让自己和自己的家人搞特殊化，以榜样的力量来影响大家。诸葛乔是兄长诸葛谨的次子，早年过继给了诸葛亮。北伐曹魏时，他让诸葛乔与诸将子弟同甘共苦，让他率领五六百兵士转运军需物资于山谷之中。街亭失守，尽管诸葛亮十分爱惜马谡的才华，但为了严明军纪，他毅然按军法挥泪斩马谡，还上疏朝廷，自请贬官三级，追究个人用人不当的责任。部下蒋琬认为诸葛亮在天下尚未平定时杀智谋之士，太可惜了。诸葛亮却认为：孙武、吴起之所以能够天下无敌，是由于执法严明。现在天下分裂，如果法纪松弛，还靠什么去讨伐敌人呢？后人对此评价甚高，对诸葛亮赏罚分明、勇于负责的品行大加赞赏。

美国著名领导学权威史蒂芬·柯维认为，基本的影响力形态有三种：一是以身作则；二是建立关怀关系；三是亲自教诲。领导者一项最重要的行动就是树立榜样，从某种意义上讲，你的领导力就是你树立榜样的能力。榜样关键看行动，人们看到你做的比起听到你说的，效果要大得多。可行动是怎样产生的呢，这就缘自你内心的观念了。观念是态度与行为的根本，观念决定行为，行为形成习惯，而习惯左右着我们的成败。

你先做到了，你才有资格去说。一个年轻的妈妈带着她年幼的儿子，去请求甘地告诉他吃糖是不好的。甘地说，你们先回去吧，一个星期后再来。妈妈不解地带着儿子回去了。一个礼拜后，妈妈又带着儿子来求见甘地。甘地此时才对这孩子说："吃糖太多，对牙齿不好。"儿子点点头。妈妈忍不住问了甘地："这句话，为什么你一星期前不说呢？"甘地说："一星期前，我自己也吃糖。"

领导干部的作风，向来是社会行为规范的风向标。俗话说，风成于上，俗形于下；桃李不言，下自成蹊。领导干部的一言一行、一举一动，无形中在营造一种风气，提倡一种追求，引导一种方向，对党风政风民风的形成、对大众生活情趣的培养，客观上具有一种示范作用。因此，各级领导干部应切实从理念、德行、用权和自律等方面严格要求自己，以身作则、率先垂范。

财之不足，国之先务

财①之不足，是为国之先务②也。

——苏辙：《上皇帝书》

> **注** ①财：财力。
> ②先务：首先要解决的事情。务，尽力从事。

●●●● 释义 ●●●●

国家财力的不富足，这是治理国家首先要解决的问题。

　　苏辙为唐宋八大家之一，著名的散文家，与其父苏洵、兄苏轼并称"三苏"。苏辙在《上皇帝书》中具体论述"财之不足，是为国之先务也"这个论点时，作了一个生动的比喻："财者，车马也；事者，其所载物也。载物者常使马轻其车，车轻其物，马有余力，车有余量，然后可以涉涂泥而车不偾，登坂险而马不踬。"治理国家就好比驾驭马车，必须首先确保财力充足，财力充足方可稳固政权。

　　中国自古以来就把经济建设列为治理国家的大事。所谓"《洪范》五福先言富，《大学》十章半理财"。苏辙曾说："财者，为国之命而万事之本。国之所以存亡，事之所以成败，常必由之。"南宋叶适指出："财者，今日之大事也，必尽究其本末而后可以措于政事。"可见是否重视经济建设，不仅直接关系到人民生活的安宁，还关系到社会的稳定、国家的安危和民族的兴衰。春秋时期齐国的管仲，以"相地衰征"（"相地"是指观测评估土地，以区分土地的肥瘠好坏；"衰征"是依土地等级征收赋税）等措施而使齐国迅速强大起来。战国时期秦国的商鞅"开阡陌而赋税平"，"訾粟而税"（即酌量农民一年收获粮粟的多少来确定田租的租额），为秦国统一天下奠定了雄厚的财力基础。西汉的桑弘羊通过统一铸币权、实行盐铁酒专卖和"均输"（把政府征收运销物资的权限予以集中）、"平准"（一种官营商业政策，有利于平抑物价）等政策，成功地解决了当时十分沉重和紧迫的财政需要。唐朝的刘晏以"转运、盐法、税制

智慧

相关链接：求人安者，莫过于足食；求国富者，莫先于急耕。——张说：《请置屯田表》

107

与常平"等财政措施，恢复了因安史之乱所摧毁的经济。北宋的王安石一反以往儒者"耻言财利"的旧传统，推行了多项经济改革，极大地改善了宋朝的贫困状况，使宋朝一度出现中兴景象。

如果忽视经济建设，势必是民不聊生，社会动荡，政权倾覆，国家灭亡。秦朝由于赋役征收过急、过重，同时支出又十分浩大，最终仅仅存在了15年，就被汉朝所取代。元朝因不屑于经济建设和财政筹划，以至于自建元以来，国家财政一塌糊涂，最终偌大江山在财政的崩溃中灭亡。明朝自中期以后，统治者日趋腐朽，政以贿成，财政积贫积弱日渐加深，加速了明朝走向灭亡。清朝后期，由于统治者忽视经济建设，理财不善，加之政治上的腐败，使中国沦入半殖民地半封建社会。可见，加强经济建设，使国家财力充盈，是十分重要的问题，关系社稷安危，百姓幸福。

我们今天在建设社会主义现代化的伟大实践中，坚持"以经济建设为中心"和"发展是第一要务"等方针政策，与苏辙的"财之不足，是为国之先务也"的观点是一脉相承的。

居安思危，有备无患

居安思危，思则有备^①，有备无患^②。
——《左传·襄公十一年》

····· 释义 ·····

在安康顺境中应考虑可能发生的危险，能有所考虑则有所准备，有所准备才能防患于未然。

"居安思危，思则有备，有备无患"，这是一条为政的要则。所谓"居安思危"，就是告诫人们，在安乐的境遇中，应当虑及可能发生的危险，防患于未然。这一充满政治智慧的警世格言，世代为人们传诵，尤其为一些有作为的政治家和有远见的思想家所珍视。

善于总结经验的思想家、政治家们意识到，一个朝代、一个政权的繁荣和稳定不是绝对的，兴衰成败是常有的事情。初当政时，雄心勃勃，励精图治，革故鼎新，廉洁勤政，社会发展呈现欣欣向荣的局面。但时间一长，被既得利益捆住了手脚，惰性增长，贪图安逸，不思进取，纲常废弛，在表面的太平景象之下，便蕴藏和积聚起种种矛盾。如果矛盾得不到及时化解，日渐尖锐，一旦遇到某种导火索，便会骤然爆发，把那种太平盛世撕得七零八落。

始皇建秦以来，不居安思危，身陷声色犬马，终于"一夫作难而七庙隳，身死人手，为天下笑"。倘若秦王不念纷奢，励精图治，怎么会二世而亡呢？

唐朝著名政治家魏征指出："自古失国之主，皆为居安忘危，处治忘乱，所以不能长久。""不念居安思危，戒奢以俭，斯亦伐根以求木茂，塞源而欲流长者也。"因此，他在《谏太宗十思疏》中告诫唐太宗："念高危则思谦冲而自牧，惧满盈则思江海下百川，乐盘游则思三驱以为度，忧懈怠则思慎始而敬终。"

忧患意识作为一种文化传统，渊源至深。庄子的"身在江海之上，心居乎魏阙之下"；孟子的"乐民之乐者，民亦乐其乐；忧民之忧者，民

亦忧其忧";杜甫的"安得广厦千万间,大庇天下寒士俱欢颜";范仲淹的"先天下之忧而忧,后天下之乐而乐";顾炎武的"天下兴亡,匹夫有责",等等,无不体现出深深的忧患意识。然而,历朝历代的统治者中虽不乏"居安思危"的政治家,为什么最终却还是挡不住危险的到来,导致了政权的垮台呢?因为,执政者仅仅懂得要"思危"是不够的,还应当正确判断"危之所在",正确制定"解危之方"。

国家忧患意识体现的是一种强烈的爱国主义精神。因为爱国才会为国家忧患,因为爱民才会为百姓忧患。班固的投笔从戎和祖逖的闻鸡起舞所蕴涵的爱国情怀,陆游、辛弃疾的诗词所饱含的对失去家园的忧愤以及对恢复中原的强烈渴望,鲁迅的"我以我血荐轩辕"的牺牲精神,等等,都是爱国主义的光辉典范。和平与发展是当今时代的主题,但这并不意味着我们可以把忧患意识抛在脑后。

改革开放以来,我国的经济实力、综合国力和国际地位显著提高,社会面貌发生了巨大变化,我们取得的成就世人瞩目。面向未来,我们已经站在了一个新的历史起点上。但同时,我们也应清醒地看到,我们在前进道路上还面临着不少困难和问题。在国际上,外部环境总体上对我国发展有利,但发达国家在经济科技上占优势的压力将长期存在,围绕资源、市场、技术、人才的竞争更加激烈,敌对势力对我国的安全不断提出新的挑战。我们要时刻保持清醒头脑,抓住有利时机,解决好存在的问题和矛盾,不断发展壮大自己。看成绩时要看到问题,不能盲目乐观;看问题时要看到成绩,不断坚定战胜困难的信心和决心。

相关链接:人无远虑,必有近忧。——《论语·卫灵公》

生态智慧

自然界是人类繁衍生息的家园，古人弥足珍惜。气候变暖、冰川消融、灾害频发、环境污染……今天，大自然已经敲响了警钟，考验着我们的生态智慧。善待自然吧，其实也是善待我们自己。

天人合一

儒者因明①致诚②，因诚致明，故天人合一。

——张载：《正蒙·诚明》

> **注** ①明：对世界的认识、了解。
> ②诚：天道，客观世界的发展规律。

●●● 释义 ●●●

　　圣人因对世界认识理解，所以知道客观世界发展的规律；因为知道客观世界的发展规律，所以也就能正确地认识世界，达到人的认识与世界的统一。

　　张载，字子厚，陕西人，人称横渠先生。他的代表著作有《正蒙》《易说》等。张载和"二程"都是道学的奠基人，但他们却分别代表道学中的三个主要派别，程颢代表道学中心学的一派，程颐代表道学中理学的一派，张载代表的一派是气学。

　　天人关系是中国哲学的基本问题。古代中国是以农业为主的，人们"靠天吃饭"，所以，天和人的关系休戚相关。自古以来，许多思想家对天人关系进行了认真研究和探索。这种研究和探索实质上就是对人与自然关系的思考。"天人合一""天人感应""天人相分"等观点，表述了人们对人与天即人与自然关系的不同看法。

荀子曾提出过"人定胜天"的思想。在生态危机尚不明显的小农社会，对于人类不断摆脱对自然盲目性的束缚，这一思想具有十分重要的激励价值，因而受到人们的高度赞扬，在今天人们和特大自然灾害作斗争的时候，也有着十分重要的意义。但是，在自然生态严重破坏的现代，对"人定胜天"的思想就要加以严格限制。否则，高扬这种思想，就会使一些人盲目掠夺自然，破坏生态平衡，给人类的生存条件造成严重的破坏。与"自然屈服于人类统治，自然为人类所有，且人类有权利使用自然"的"人定胜天"思想不同，"天人合一"思想充分肯定自然界和人的统一，强调人类行为与自然界的协调。

　　中国传统文化中的"天人合一"问题，就其理论实质而言，是关于人与自然的统一问题，是自然界和精神的统一问题。"天人合一"思想内容十

相关链接：天人之际，合而为一。
——董仲舒：《春秋繁露·深察名号》

智慧

分复杂，的确有消极、迷信的成分存在，但我们并不能完全否认这一思想的现代价值，必须实事求是地予以分析，取其精华，去其糟粕。"天人合一"是中国文化史上长期占主导地位的思想，是中国古代哲学思想和伦理思想的精华之一，也是处理人与自然关系最宝贵、最重要的道德原则。"天人合一"观认为自然界具有生命意义，自然界不仅是人类生命和一切生命之源，而且是人类价值之源，具有自身的内在价值；强调人与自然是统一的，而不是对立的，把人与万物同等对待，反对无节制地向自然索取；主张人应采取措施，善待自然，爱护自然，与自然共生共存、和谐相处。

人类在改造和利用自然的过程中，由于过去长期的"人类沙文主义""人类中心主义"等思潮作祟，急功近利，毫无节制地掠夺大自然，使人类面临着严重的生态危机。现代学者季羡林说："'天人合一'方能拯救人类。"在人类文明与自然环境之间的矛盾空前激化的今天，"天人合一"的思想对于解决当今世界由于工业化和无限制地征服自然而带来的环境污染、生态失衡等问题，具有重要的启迪意义。

在人和自然的关系上，我们应该继承发扬"天人合一"思想中的精华，剔除某些神秘主义和宗教迷信思想，把"天"还原为真正的自然，并结合现代科学文明，对其加以新的诠释；确立人和自然平等的环境道德观，赋予自然应有的道德地位，爱护生态自然环境，建立和谐的自然生态环境伦理关系；摒弃傲慢态度，在思维方式上由人类中心主义转向非人类中心主义，给予自然万物道德关怀。

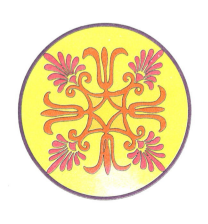

弋不射宿

子钓而不纲①，弋②不射宿③。

——《论语·述而》

> **注**　①纲：网，用作动词，意为用网捕鱼。
> ②弋：带有绳子的箭，用作动词，意为用箭射鸟。
> ③宿：归巢歇宿的鸟。

●●●释义●●●

孔子捕鱼用钓竿而不用网，只射飞鸟而不射巢中歇宿的鸟。

在孔子生活的春秋时代，野生动植物资源是相当丰富的，人们"靠山吃山，靠水吃水"，捕鱼狩猎是维持日常生活所必需的基本活动。对这种为满足生活所需而进行的捕鱼狩猎，孔子并不反对，但他反对那种只图眼前利益，不作长远打算的暴殄天物行为，如用渔网捕鱼，把池水排尽来捕鱼，射杀巢宿的鸟，将林地烧毁来打猎等。

孔子主张用竹竿钓鱼而不用渔网捕鱼，用箭射飞鸟却不射杀巢宿的鸟。用网捕鱼固然可以一次性捕捉到更多的鱼，然而鱼无论大小都会被一网打尽，射杀巢宿的鸟虽然能带来眼前利益，但同时也牺牲了远期利益。用渔网捕鱼，射杀巢宿的鸟，会破坏生态资源的可持续利用，造成资源枯竭，"钓而不纲，弋不射宿"体现了孔子的生态资源节用观和对可再生资源保持可持续性发展的生态伦理思想。

孔子还将节用作为仁人君子日常生活的一种美德加以倡导。他说："君子食无求饱，居无求安"，即君子吃饭不要求太饱，居住不要求安乐舒适。因为饮食太饱势必多消费粮食，居住太舒适将耗费过多的土地空间和建筑材料。孔子讲节用俭朴不仅仅是在理论上讲，也是身体力行。一次孔子想搬到九夷去住，有人对他说："那个地方非常简陋，怎么能住呢？"孔子回答说："有君子住在那里，怎么会简陋呢？"

近年来，我国商品的包装浪费愈演愈烈，不仅加重了消费者的经济负担，而且浪费了资源，污染了环境。以衬衫为例，我国每年生产衬衫 12 亿件，包装盒用纸量就达 24 万吨，相当于 168 万棵碗口粗的大树。现在城市垃圾总量中，30％为商品包装物，其中 70％以上为可减少的过度包装物。

日本为我们树立了资源节用的榜样。在衣着方面，日本从 2005 年起提倡夏天穿便装，男士不打领带，秋冬两季加穿毛衣，女性放弃裙子改穿裤子，等等。这样夏天可将空调的设定温度从原先的 26℃调高到 28℃，秋冬可调低到 20℃。据统计，夏天空调温度设定调高 2℃一项，办公室可节能 17％，如果换算成石油，日本每年 7 月到 9 月可节约原油 155 万桶。

我们要大力提倡生态资源节用观，降低资源消耗，提高资源利用效率，加快建设节约型社会。

繁而息之者，天地之仇

吾意①有能残斯人，使日薄②岁削，祸元气阴阳者滋少，是则有功于天地者也；繁③而息之者，天地之仇也。

——柳宗元：《天说》

> **注**
> ①意：以为，认为。
> ②薄：减少。
> ③繁：繁衍。

释义

　　我认为，谁能使那些破坏、扰乱天地万物的人一天天、一年年地减少，谁就是对天地有功。人口的繁殖，是天地自然的仇敌。

　　唐代著名的政治家、思想家、文学家柳宗元，在《天说》中阐述了人对大自然的种种破坏。柳宗元指出，由于人对"元气阴阳"的破坏越来越严重，从而形成天与人的对立。随着人口的快速繁衍，这就迫使人类过度地"垦原田，伐山林"。为解决增长人口的住房和日用品问题，特别是满足统治者的奢侈生活，不得不疏治河流、修建房屋、冶炼矿物、制陶玉器等。人类不择手段地向大自然索取，使天地万物毁损而不能按它们自己的本性去发展，造成对生态环境的巨大压力。所以，谁能使人口"日薄岁削，祸元气阴阳者滋少"，谁就是"有功于天地者也"。作为一千多年前的古人，柳宗元能跳出人类的"私利"来维护大自然的利益，呼吁那些攻击、残害、破坏、扰乱天地万物的人"日薄岁削"，其情其志，可圈可点。

中国古代不乏提倡人口适度增长，反对人口过度增长的思想。早在先秦时期有的思想家已提出了人口要与土地在量上相适应的观点。孔子及其门徒曾经结合土地多寡来谈人口的多少问题。《商君书》指出"地狭而民众者，民胜其地；地广而民少者，地胜其民"，人口与土地在量上应相适应，否则就会失调，不利于农业的发展。东汉的王符更明确地提出人口和土地在量上必须相称的观点："土多人少，莫出其财是谓虚土，可袭伐也。土少人众，民非其民，可匮竭也。是故土地人民必相称也。"

中国古代还有不少思想家反对人口增长过多过快。老子提出"小国寡民"的主张，韩非子认为人口成倍增长是当时社会纷争的根源。在封建社会后期，反对人口过度增殖的思想较前更盛。宋末元初马端临曾联系人口质量来考察人口数量的增长，认为后世人口量多质劣，不应过多增殖。明代徐光启认为，江南地区日益人多地少，解决问题的办法除发展农业生产外，应把东南过剩人口迁移到土旷人稀的西北地区。

人口过速增长是破坏自然生态平衡的祸首。中国古代不少思想家已认识到人口过度增长给自然和社会资源带来了巨大压力，并提出了一些控制人口过快增长的措施，如清代洪亮吉在其所著《意言》中指出的"天地调剂法"，即任凭水旱疾疫天灾减少人口。

严格控制人口增长是我国面临的一项重要而紧迫的任务。我们把实行计划生育，控制人口增长，提高人口素质作为我国一项长期的基本国策，是从我国的实际情况和人民的切身利益出发而作出的重大战略决策。

名家美文话格言

相关链接：一人之食以供十人已不足，何况百人乎？——《治平篇》

相生相克

便有五行金木，相生①相克②。

——释普济：《五灯会元》

注 ①生：生发。
②克：克制。

●●●● 释义 ●●●●

　　金、木、水、火、土五种物质互相生发，互相克制。后引申为一般物质之间的辩证关系。

　　所谓五行是指金、木、水、火、土。五行相生，是指五行之间相互滋生、促进、助长。五行相生的规律是：木生火，火生土，土生金，金生水，水生木。木生火，火需要借助木材燃烧；火生土，火燃烧之后，便归于尘土；土生金，金属乃是蕴藏于大地之矿；金生水，金属经熔化后由固体转变为液体；水生木，水可用以灌溉树木。

　　五行相克，是指五行间相互制约、抑制、克服。五行相克的规律是：木克土，土克水，水克火，火克金，金克木。木克土，树木之根，可做水土保持或疏导泥土；土克水，水来土掩；水克火，水可灭火；火克金，火可用以熔化金属；金克木，金属制成之器，可用以削砍树木。

　　五行相生相克是我国古代的一种哲学学说，认为五行是构成宇宙的基

相关链接：一物降一物。——吴承恩：《西游记》

本物质元素，五行之间存在相生相克的关系，相生相克是一切事物维持平衡不可缺少的条件。

《孔子·家语》云"鱼失水则死"，《孔子·世家》云"鸟能择木，木岂能择鸟乎"，对鱼与水、鸟与木互相维系的生态关系作出了细致的观察分析。庄子认为宇宙万物无不以道为最高本体，浑然一体，和谐均衡；脱离整体或系统，就会遭到厄运。

我国古代很早就知道在生产生活中运用生物链知识，如在池塘边种桑树，用桑叶养蚕，蚕的粪便倒入池塘养鱼，鱼的粪便就肥了塘泥，塘泥又挖出来养桑树……

有人认为某一物种的灭绝离自己很遥远，与自己无关，这是因为他没有生物链的意识。例如，人们将鸟类简单地分成益鸟和害鸟，将虫类简单地分成益虫和害虫等。麻雀仅仅因为偷吃了几粒粮食，就被贬为"害虫"，而恰恰相反，麻雀主要的食物是虫子，是生态平衡的重要一环。人们对于兽类中的弱者，如食草动物，寄予满腔同情，而对那些强者，如食肉动物，则予以诟骂。但实际上，生物界并没有出身贵贱之分，它们只是分工不同，都是生态系统中不可或缺的一个环节。

各种生物在长期进化的过程中已经形成一种互相依赖的关系。如果没有人类的无知干预和以自我为中心的改造，大自然会按照自己的内在规律，维系生态平衡。

人类恣意打破生态平衡，必然遭到大自然的报复。温室效应和臭氧层的破坏则是最好的例子。对于人类来说，应当尊重、维护生物链，恢复与重建生态平衡。

不蕲畜乎樊中

泽雉^①十步一啄，百步一饮，不蕲^②畜^③乎樊中。

——《庄子·养生主》

名家美文话格言

相关链接：泉涸，鱼相与处于陆，相吻以湿，相濡以沫，不如相忘于江湖。——《庄子·大宗师》

> **注**
> ①雉：野鸡。
> ②蕲：通"祈"，请求。
> ③畜：饲养。

●●●● 释义 ●●●●

沼泽中的野鸡，走十步才能啄到一口食，走百步才能饮一口水，然而它并不希望被人畜养在樊笼里。

庄子是一个比较关注自然的哲学家。从《庄子》一书看，它涉及飞鸟 22 种，水中生物 15 种，陆上动物 32 种，虫类 18 种，植物 37 种，无生命物象 32 种，虚拟的神性物象 34 种。庄子之所以对自然万物如此重视，是因为他体悟到自然物象中所蕴涵的哲理及人类对自由的向往。庄子对养生颇有精到之论。《庄子·养生主》字里行间虽是在谈论养生，实际上也体现了作者的哲学思想和生活旨趣。"养生主"意思就是养生的要领，所谓养，是指滋养、保养、养育、修养；所谓生，是指生命。养生就是通过身心兼养，即"守神全形"和"保形全神"，以获得更加旺盛的生命力。

庄子善于通过物来体悟生命的奥秘，譬如他对沼泽中野鸡的思考，给人耳目一新的感觉。被养在笼子里的野鸡虽然精神饱满，但失去了自由和生命的尊严。沼泽里的野鸡并不羡慕那被圈养在笼中的家禽，而宁愿放弃物质上的欲望和生活的安逸，自己主宰自己的命运，自己为自己的衣食操心，过一种自得其乐、内心自由自在的生活。

　　"不蕲畜乎樊中"，庄子是这样说的，也是这样做的。楚王派大夫去请庄子做官，说"愿以境内累矣"，意思是说让先生"受累"来管理一下国

相关链接：始知锁向金笼听，不及林间自在啼。——欧阳修·《画眉鸟》

家，当时庄子虽然穷困潦倒，时常有上顿没下顿，还向别人借过粮，但他却回绝了楚大夫，他说："听说楚国有神龟，死去已三千多年，现在把它用匣子装起来藏在庙堂之上。你看此龟是留下骨头让人珍藏好呢，还是活在世上拖着尾巴在泥中自由爬行好呢？"这个大夫回答道："当然是自由自在地活着好了。"庄子于是说："那么我还是'曳尾于涂中'吧。"

野生动物，顾名思义是野生的自由之物，是属于大自然而非樊笼圈舍的。有人以喜爱动物之名把它们抓来，关养起来，试想，这种"喜爱"是不是太残忍了，难道你喜欢谁就把谁拴住或锁入牢笼吗？人们常误认为野生动物缺吃少喝、风餐露宿，很不幸，其实，大自然的风刀霜剑对动物是家常便饭，而人为侵入其领地，破坏其生态，捕杀其个体，割断其交流，污染其饮食，干扰其行为等，才会对它们构成巨大威胁。人类一方面去打破野生动物的野生环境，一方面又以宠爱之名去捕养之，以致造成许多动物生不如死的悲剧。有研究表明，被人们关养的动物由于身陷樊笼，失去原生环境，往往很不幸福，多患抑郁症或神经质疾病。将野生动物当宠物来养是人类对自然的占有欲、征服欲的体现。

令人欣慰的是，目前世界上许多国家都逐渐意识到让动物回归自然才是对动物最好的保护，纷纷建立自然保护区和野生动物保护区，成立专门的管理机构，制定法律法规，保护生物多样性及其生态功能，让动物得以自由生活。如非洲不少国家都建有若干个特大型国家公园，野生动物在数千平方千米的国土上生活着。这种国家公园面积大，数量多，生物多样性丰富：如南非克鲁格国家公园南北长350千米，东西宽65千米，其面积相当于整个瑞士国土面积；肯尼亚共有59个国家公园，占国土面积的7.6％，首都内罗毕附近就有一个面积达100多平方千米的野生动物公园。国家公园一般都形成了完整的生物链，每一种动物都能获取充足的食物，水量亦能满足动物的需求。肯尼亚政府还成立了野生生物局，它是负责全国国家公园和自然保护区以及野生动物保护的最高管理机构，直接受总统办公室的管理和指导。南非不仅以法律的形式保护野生动物，还提出了野生动物优先的口号。这个口号已变成了交通法规。汽车在公路上行驶，如果遇到羚羊、斑马等野生动物，必须停下来耐心等待。

相关链接：土之有山川也，财用于是乎出。——《国语·周语上》

地德为首

理①国之道，地德②为首。

——《管子·心术》

注 ①理：治理。
②德：道德。

●●● 释义 ●●●

治理国家的法则，便是将土地道德居于一切道德之首。

在自然经济时代，土地是最基本的生产资料，土地在养育人民、发展经济、安邦治国等方面发挥着重要作用。"地德为首"这个命题，正是基于对土地在社会中决定性地位的认识而提出来的，它把土地道德看成是一切道德之首。

土地道德，简单来说就是保护土地，合理开发利用土地。我国历史上关于土地道德的论述资料和实践经验十分丰富。

《管子》一书专门论述了保持城市与乡村适当比例和人地平衡的思想。它指出，如果城市规模过大，农村相对狭小，就会导致"其野不足以养其民"，缺乏必要的农产品供应。在当时人少地广的情况下，《管子》能提出这样先进的观点，实在难能可贵。

土地资源是有限的，而且受气候、水利、地理环境等自然条件影响，

129

因此，因地制宜，合理利用土地，是一个十分重要的土地道德问题。为了合理利用土地，许多思想家、农学家对农业生产实践进行了认真总结，提出了知时、知土、知物性、精耕细作、兴修水利、选种、施粪、锄草、防风、防虫等一系列科学技术理论。

孟子曾说："不违农时，谷不可胜食也。"意思是说，在农民耕种收获的季节，只要不去妨碍生产，那粮食就会吃不尽了。荀子认为只要"上不失天时，下不失地利，中不失人和"，"春耕、夏耘、秋收、冬藏，

四者不失时"，就能生产出很多的农产品。

为了真正做到不违农时，因地制宜，战国初年李悝曾实施了著名的"尽地力之教"，提出"勤谨治田"亩产可提高 20%，要求采取一切措施，教育人民，精耕细作，充分挖掘土地生产潜力，从各方面努力提高农用土地的生产效率。从先秦诸子到历代的农学家，无不强调集约经营、少种多收。这种主张的产生不单纯因为人口增加、耕地紧缺和小农经济力量薄弱，更主要是因为人们在长期生产实践中认识到，集约经营、少种多收，比之粗放经营、广种薄收，在对自然资源的利用和人力财力的使用上，都是更为节省的。

为保证土地的永续利用，我国古代很早就注重采取各种积极的措施培养地力，如实行多粪肥田、绿肥轮作等，补偿土壤能源的消耗，努力使用地和养地结合起来，以科学的方法解决土壤肥力与连年耕种的矛盾，保持地力常壮，有效提高土地利用率。

当土地匮乏时，智慧、勤劳的古代人民想到了向山岭要田，跟湖海争地。唐朝安史之乱时，为躲避战乱，北方人口大量南迁，南方人口迅速增长。人口增长，对粮食的需求猛涨，因此扩大耕种面积，增加粮食生产迫在眉睫。那时候，人们到处开荒，"田尽而地，地尽而山"，向高山要田的行动就在这种背景下展开了。跟湖海争地，在南方表现为圩田的建设，在北方表现为台田的建设。我国南方河湖纵横，滩地很多。所谓圩田，就是由筑堤挡水，围水造田而发展起来的一项开发、利用滩地的技术。"苏常熟，天下足"这句民谚生动地反映出太湖流域圩田的粮食产量对社会的巨大贡献。北方环渤海地区，由于地势低洼，排水不畅，全是盐碱地。这些盐碱地直到北宋仍在沉睡。通过元、明、清三代劳动人民的辛勤开垦，环渤海一带的盐碱地普遍得到开发利用。当然，物极必反，任何事物的发展都有个极限。无论是垦山造田，还是围湖争地，一旦失控，都会走向反面。在这方面，我们也有过不少教训。

我国虽然土地资源总量大，但人均占有土地少，人均占有耕地更少，土地资源利用程度低，土地浪费严重，人地矛盾尖锐。在这种情况下，继承和发扬古人总结的宝贵的经验，进一步提高对土地资源的战略认识，提高土地利用质量，坚持节约集约用地，就显得格外重要。

制天命而用之

大①天而思之，孰与物畜②而制之；从天而
颂③之，孰与制天命而用之。

——《荀子·天论》

> **注** ①大：以……为大，认为……伟大。
> ②畜：畜养。
> ③颂：歌颂。

名家美文话格言

相关链接：自然者天地，主持者人，人者天地之心。——王夫之：《周易外传》

●●● 释义 ●●●

与其尊崇天而思慕它，哪里比得上把天当作物一样蓄养起来而控制它呢？与其顺从天而赞美它，哪里比得上控制自然的变化规律而利用它呢？

荀子处在战国末期，其时诸子各派的思想学说均已出现，这使得他不仅能博取诸子思想，又可以进行批判和比较，所以荀子的思想非常丰富。其思想学说以儒家为本，兼采道、法、名、墨诸家之长。荀子认为天是自然之天，能被人所用。他在主张尊重自然规律的基础上，进一步提出了发挥人的主观能动性，主动控制和利用自然，而不能消极地顺从自然。

古人所谓天命，就是自然律令。"制天命而用之"，充分肯定了人类有利用自然并改造自然的能力，强调了人的主观能动性和责任感，属于古代朴素唯物主义辩证法。

　　荀子"制天命而用之"的思想是从先秦时期关于天人关系问题的争论中总结出来的。道家的老子、庄子夸大了自然规律的必然性，忽视了人的主观能动性，从而导致消极无为的结论；儒家的孔子、孟子肯定天有意志，可以主宰社会人事。荀子则克服了这两种错误倾向，第一次提出自然与人为之间的界限。他指出"天行有常"，天地万物运动变化的规律既不具有目的性，也不以任何人的主观意志为转移。他又认为，"天有其时，地有其财，人有其治"，即人类能够根据对于天时、地利的认识来利用自然、驾驭万物，人类能够从"畏天命"转化为"制天命"，成为自然界的主人。

　　中国古代"制天命而用之"的典范也有不少。战国时期李冰父子采取"引水灌田，分洪减灾"的办法，主持修建的都江堰水利工程，兼具防洪、灌溉、航运等多种用途，科学地解决了江水自动分流、自动排沙、控制进水流量等问题，消除了水患。成都平原从此沃野千里，成为"水旱从人"的天府之国。实践证明，历经两千多年的都江堰水利工程，地理位置优越、合理，工程布置适合自然规律，分水堤、溢洪道、宝瓶口三项工程相互制约、相辅相成，联合发挥引水、分洪、排石输沙的重要作用，至今仍产生着巨大的效益。我国仅次于长江的第二条"黄金水道"京杭大运河，肇始于春秋时期，历经一千七百多年的开凿、疏通，成为沟通海河、黄河、淮河、长江、钱塘江五大水系，纵贯南北的水上交通要道。在两千多年的历史进程中，大运河为我国经济发展、国家统一、社会进步和文化繁荣作出了重要贡献。

　　"制天命而用之"的思想，是有其积极意义的。运用科学的知识和自然的规律来造福人民是时代的要求，也是历史发展的必然。

相关链接：古之畜天下者，无欲而天下足。——《庄子·天地》

少私寡欲

见^①素^②抱朴^③，少私寡欲。

——《老子·十九章》

> **注**
> ①见：通"现"，表现，呈现。
> ②素：自然，不加任何修饰的原始。
> ③朴：淳朴，纯真。

●●● 释义 ●●●

保持本有的纯真，抱定一个朴实的心态，减少私心杂念。

老子是道家的开山鼻祖，道教也以他为尊，奉他为教主。道家认为人的自然本性是无知无欲，质朴无华，如同婴儿一样，纯真、自然。但是由于人的私欲膨胀，智力日增，遂使人类逐步丧失了这种纯真无求的自然本性，导致人性异化，并由此而产生了社会上的一切丑恶现象。为了矫正时人的价值迷失，重建一个健康圆满的社会，使人人都可以更好地安其身而立其命，老子以其超凡的哲人心灵，提出了"见素抱朴，少私寡欲"的生活理念。

"见素抱朴，少私寡欲"意味着自然本真，清静无为，体现了老子的无为思想，即一切顺其自然生发，对人对物采取不干涉主义的立场，听任他人及外物自主、自然地存在与变化，不将自己的意识强加于他人及外物。"见素抱朴，少私寡欲"传递出了老子希望人们放弃外在的物欲诱惑，知足常乐，追求恬淡宁静，保持内心知足和心境恬淡，达到精神内守的美好愿望。

老子认为人类私欲的膨胀，是社会的最大祸害。《老子》第四十六章中提到，"祸莫大于不知足，咎莫大于欲得"，意思是说，人类多数的罪过都是由于自己的私心所造成的；而祸患则是由于人们贪得无厌所造成的；一些不好的过错也是由于人们有了一些过分而不合理的要求所造成的。以老子为代表的道家意识到了"多欲"的危害，认为"多欲"不仅不利于人与人之间的关系协调，而且也会形成人与自然的对立，造成生态上的不平衡，而要消除这种对立，人们就应该让内心的欲望减少。道家告诫人们不要过度地膨胀自己的欲望，无止境地追求社会财富。

然而，不论古代还是现代，违背"见素抱朴，少私寡欲"理念的"多欲"例子数不胜数。

据《新唐书·五行志》记载，唐安乐公主为了体现自己的奢华，多取珍禽异兽皮毛制奇装异服。她令人搜集百鸟羽毛制成的羽毛裙，正看为一色，侧看为一色，日中为一色，影中为一色，而且裙上呈现出百鸟的形态，可谓旷世罕见的奇美奢绝。此后官员、百姓纷纷仿效。"山林奇禽异兽，搜山满谷，扫地无遗"，致使山林中的珍禽异兽被捕捉殆尽，造成严重的生态失衡，唐玄宗不得不下令禁止。

近些年来，随着人们生活水平的提高，吃野味成为一些人追求的新潮，国家明令保护的虎、熊、鹿、豹、穿山甲、娃娃鱼、金丝猴等也被搬上了餐桌。有人甚至大言不惭地说："天上飞的，除了飞机，地上四条腿的，除了板凳，全都品尝过了。"如此胡吃海喝怎能不破坏生态平衡呢？2003年的"非典"疫情便是一个深刻教训，再次印证了"祸福无门，唯人自招"这句古话。

为了满足个人欲望，人类不顾一切代价破坏环境，人类的欲望一点点地得到满足，而地球在人类的摧残下却变得千疮百孔。面对今天由于人类自身生产的膨胀以及无限制地开发自然资源造成的生态环境日趋恶化局面，我们虽然不能完全按照道家"复归于朴"的思想，返回到生产力极为低下的原始社会，去消极地适应自然，以保持人与自然的静态和谐，但是，道家倡导的"少私寡欲"理念，对于重建现代人类的生存方式和发展模式，

相关链接：祸莫大于不知足，咎莫大于欲得。——《老子·四十六章》

保护人类赖以生存和发展的自然环境，具有重要的现实意义。人类唯有真正做到"少私寡欲"，严格控制自身欲望的膨胀，适度利用和合理开发自然资源，才能恢复人性的纯洁，达到保护自然生态平衡的目的。

名家美文话格言

相关链接：志忍私，然后能公；行忍性情，然后能修。——《荀子》

取之有度，用之有节

取之有度，用之有节①，则常足②。
——司马光：《资治通鉴》

●●●● 释义 ●●●●

有计划地索取，有节制地消费，就会常保富足。

"取之有度，用之有节"，体现了古人的一种生态伦理思想和可持续发展观点。为什么要提倡"节用"呢？这是因为自然界所创造的资源是有限的，建立在自然再生产基础上的农业生产在一定时期的发展也是有限度的，因此人们对自然界的索取，对物力的使用不能超越自然界和老百姓所能负荷的限度，否则就会出现难以为继的危机。

中国古代思想家和广大人民群众已经认识到，唯有遵循爱物惜物、节用有度的基本原则，在开发利用自然资源的生产生活中，才能获取最大的生产量，满足人类的长期生存需要，并且可以保持各种生物的种类和数量相对稳定，使生态系统得到最大保护，从而实现人与生态环境的和谐，达到生生不息、协同进化。

类似于"取之有度，用之有节"的生态环保理念，在中国古代可谓层

智慧

相关链接：节用而爱人，使民以时。——《论语·学而》

出不穷。如孔子主张"节用而爱人，使民以时""钓而不纲，弋不射宿"；孟子主张"食之以时，用之以礼，财不可胜用也"；荀子主张"足国之道：节用裕民，而善臧其余""草木繁华滋硕之时，则斧斤不入山林，不夭其生，不绝其长也"；《墨子》一书中专门分上中下三篇谈"节用"；管仲指出"春政不禁则百长不生，夏政不禁则五谷不成"。管仲认为一方面必须对山林川泽加以管制，另一方面也意识到，保护生态环境并不是要把山林川泽封禁起来不让人们利用，而是必须按照规定的季节时间开放，让人们得以持续地利用其间的生物资源。再如，秦律规定，从春季二月起，不准到山林中砍伐树木，不准堵塞林间山道。不到夏季，不准进山砍柴、烧野草

作肥料，不准采集刚发芽的植物或取获幼兽、鸟卵和幼鸟，不准毒杀鱼鳖，不准设置捕捉鸟兽的陷阱和机关，到七月，才可以解除上述禁令。住在养牛马之处和其他禁苑附近的人，当幼兽繁殖时不准狩猎。

在漫长的人类发展历程中，尽管不乏各种节用思想、环保理念和可持续发展观点，但人类并没有停止征服自然、改造自然乃至破坏自然的脚步，而且可以说，随着科学技术的飞速发展和人口的急剧增加，人们对生态环境的破坏能力是越来越强大，破坏的后果也是越来越严重。土地沙漠化、海洋泛赤潮、水资源枯竭及水污染、温室效应、地球变暖、酸雨面积不断扩大、沙尘暴步步紧逼、森林资源锐减、生物物种加速灭绝、动植物资源急剧减少、洪涝灾害、干旱灾难、大气污染、人口爆炸、生态失衡……进入 20 世纪以来，每天各种各样的有关环境方面灾难性的消息报道令我们忧心忡忡、惴惴不安，大有坐在即将喷涌爆发的火山顶上等待一蹴而灭的恐惧感。

改革开放以来，我国社会经济发展取得了举世瞩目的成就，但由于经济增长基本建立在高消耗、高污染的粗放型发展模式上，一些地区以牺牲环境为代价实现经济增长，出现了严重的环境污染和生态破坏。发达国家上百年工业化进程中分阶段出现的环境问题，在我国已经集中出现。特别是随着经济快速增长和人口不断增加，能源、土地、矿产和水资源不足的矛盾日益尖锐，资源利用、环境保护面临的压力日益明显。面对这一严峻形势，我们应汲取中华民族生态伦理思想和可持续发展的思想，积极主动地对大自然投以伦理关爱，珍惜资源，取之有度，消费有节，利用科技手段，最大限度地提高资源利用率，开发可再生资源和非耗竭型资源，发展环保产业，维持人与自然生态的和谐与统一。

无为而物成

无为而物①成，是天道②也。

——《礼记·哀公问》

> ①物：天地万物。
> ②天道：自然运行的根本法则。

●●● 释义 ●●●

不故意改变自然万物的成长规律，这是自然运行的根本法则。

　　"无为而物成，是天道也"，这句话取意于老子哲学的基本命题"道常无为而无不为"。这里的"为"指的是不顾事物内在本性和实际，对事物加以强制的一种掠夺性行为。而作为"为"的对立面的"无为"，则是遵循事物的内在法则，根据客观实际而采取适宜的科学行为。所以，"无为"不是无所作为，而是随万物之自然，科学地合乎规律地有所作为。人能顺乎"道"，顺乎自然之常，遵循事物的内在原则，根据客观实际而采取适宜的行动，就是"无为"，而"无为"就能做到"无不为"。"无为论"思想要求人们顺其自然，按客观规律行事。

　　在老子哲学中，具有否定性内涵的"无为"，并不是主张无所作为，而是不做违反自然、违反事物本性、违反常规的事；至于具有否定之否定含义的"无不为"，也不是简单地肯定"有目的有意图地从事创造制作活动"，而是着重强调了"合目的合意图地从事一切创造制作活动"。

　　老子大赞"无为"之功，断言"我无为而民自化"。老子认为，"无为"可具体表现为"好静""无事""无欲""无味""无执""无行""无知"等。在老子这里，"无为"是一种以道为中心的"为"，因而是一种唯一恰当的合乎道的生活方式。

　　"无为"与"有为"相对，"有为"与"无为"都是"为"，但"有为"之"为"是一种以自我为中心的"为"，也就是烙上人的意图的"为"，是一种违背了事物本来状态的"为"。这种"为"老子有时称之为"妄作"。"有为"的生活方式类似于"占有"的生活方式，"无为"的生活方式类似于"存在"的生活方式。一个人以"占有"的心态生活，他便表现为欲望型的；以"存在"的心态生活，他就表现为善良型的。当今社会，多数人

相关链接：人君无为，臣下无不为。
——《韩非子·解老》

141

名家美文话格言

相关链接：人法地，地法天，天法道，道法自然。——《老子·二十五章》

属于欲望型，总想占有自然，破坏自然，恣意妄为，满足自身物质欲望。不难想到，随着人口的增多、技术水平的提高，人类"为"的力量随之增强，自然就会遭受更大的破坏和蹂躏。

庄子对老子的自然无为思想加以发挥。他首先明确地区分了自然和人为。"曰：'何谓天？何谓人？'北海若曰：'牛马四足，是谓天；落马首，穿牛鼻，是谓人。'"这就是说，凡出于万物天然本性而非关人事者叫作自然，正如牛马原本长有四只脚那样；出于人意之所为者则叫作人为，就像给马戴上笼头、给牛穿上鼻绳那样。他们主张自然、反对人为，认为自然是内在的本质，人为是显露于外的东西，高尚的道德就在于顺应自然。人们不应该为了追逐名利而毁灭自然的事物，不能刻意去改变自然的禀性，而应立足于自然规律，恪守自然之本性而不迷失，以求返璞归真。

在老子和庄子心目中，自然就是事物自生与自发的本来面貌和状态。他们之所以提倡自然，反对人为，就是要人们顺应自然办事，反对人类出于自己需要而随意违反自然本性，强行干预整个大千世界。老子和庄子的这种主张，精辟地展现了人与自然之间和人的存在之中所蕴含的一系列深刻张力，对我们今天探讨和解决现代人类的发展问题，仍然具有十分深邃的启示意义。"天作孽，犹可恕，自作孽，不可活。"看看我们赖以生存的环境吧，正是由于我们的贪婪和私欲，我们的衣食住行及生存环境日渐危机四伏，生态环境的恶化已频频亮起红灯，向我们发出警报。"无为而物成，是天道也"，这一警世格言告诫我们，唯有遵循自然基本规律，敬畏自然，促进"物成"，人类才能获得可持续发展。

十年之计，莫如树木

一年之计①，莫如树②谷；十年之计，莫如树木。

——《管子·权修》

> **注** ①计：谋划，打算。
> ②树：种植。

●●●●释义●●●●

作一年的打算，没有赶得上种植庄稼的；作十年的打算，没有赶得上栽种树木的。

《管子》中讲到"一年之计，莫如树谷；十年之计，莫如树木"，其本意主要是为了引出"终身之计，莫如树人"，强调人才培养的重要性。南北朝时期著名农学家贾思勰在《齐民要术》中，对植树造林给予了高度评价："樊重欲做器物，先种梓漆，时人嗤之。然积以岁月，皆得其用。向之笑者，咸求假焉。此种植之不可以已也。谚云：'一年之计莫如树谷，十年之计莫如树木。'此之谓也。"贾思勰引用了《管子》的话，不过他着重强调的是种植谷物和树木的积极意义。

植树造林，在我国源远流长，人们都很重视这一造福于民、惠荫子孙的事业，历史上留下了不少脍炙人口的美谈。秦始皇实行的一系列巩固政权的措施，其中有一条是修筑驰道，以咸阳为中心，东到燕齐，南到吴楚，

143

相关链接：横冈千万树，大半已成龙。——通润：《种松老人》

道宽五十步，每隔三丈而树以青松，用以遮阴计里，工程浩大壮观，可谓开官方筑路植树之先河。诸葛亮在病危时给后主刘禅的遗书上写道："臣家有桑八百株，子孙衣食，自可足用。"他把自己栽种的八百株桑树作为子女生活费来源。一代名相，两袖清风，死后留给子孙唯有自己栽种的桑树。三国时东吴名医董奉医术高明，乐善好施。董奉隐居庐山期间，为贫苦百姓看病，分文不收，只要求病人病愈后按病情轻重，在他住所前后种杏树，重病者栽五株，轻病者栽一株。几年光阴，他的房前屋后竟有十万余株杏树。每当杏熟，董奉用杏换谷米救济贫民，人们称这片杏林为"董仙杏林"，后人遂以"誉满杏林"称颂医家。隋炀帝登基后，下令开凿通济渠，并在两岸种柳，他还亲自栽植，御书赐柳树姓杨，享受与帝王同姓之殊荣，从此柳树便有了"杨柳"之美称。唐代诗人白居易爱树如宝。他被贬任忠州刺史后，年年种植花木，并赋诗咏道："江州司马日，忠州刺史时。栽松遍后院，种柳荫前墀。"明代开国皇帝朱元璋少年家贫，经常挨饿。有一天，已经两天没吃饭的朱元璋走到一个村庄，看到一棵柿树正熟，就摘下一些果子美餐了一顿。后来，他当上皇帝，忘不了柿树的功劳，下令有五亩至十亩地的人要种柿、核、桃、枣；还下令安徽凤阳、滁县等地百姓每户种两株柿树，不种者要罚。从此，安徽等地广种柿树。清末名将左宗棠任陕甘总督期间，下令军队在河西走廊的六百多里沿途种柳二十六万多株，使得"泾州以西至玉门，夹道种柳，连续数千里，绿如帷幄"。后人将左帅所部沿途所植之柳誉为"左公柳"。

古人植树的目的是多方面的，既有满足实用价值的，又有满足审美、信仰、娱乐等需要的，主要可以归纳为这么几点：绿化美化环境，加固河渠，遮阴纳凉，食用果实，建筑用材，制作乐器，体现政绩等。

今天，我们对植树造林的意义，毫无疑问比古人的认识要全面得多，深刻得多。我们已经清楚地知道，植树造林在维护生态平衡中起着重要作用，具有美化绿化环境、制造氧气、净化空气、涵养水源、保持水土、调节气候、防风固沙、消除噪音等功能。植树造林不仅对于人类的生存具有十分重要的环境效益，而且对于人类的生产和生活具有巨大的经济效益。因此，我们没有理由不植树造林，没有理由去乱砍滥伐、毁林破绿、过度放牧。但我们面临的形势仍不容乐观，根据全国第 6 次森林资源调查结果显示：我国森林覆盖率为 18.21%，仅相当于世界平均水平的 61.52%，居世界第 130 位；人均森林面积 0.132 公顷，不到世界平均水平的 1/4，居世界第 134 位。而且我国每年木材消耗量超过林木生长量的赤字近 1 亿立方米，用材林已现危机。

　　让我们重温古代先贤的教诲，加大植树造林力度，认真搞好生态平衡和环境保护，推进我国经济社会的可持续发展吧！

相关链接：白头种松桂，早晚见成林。——白居易：《种柳三咏》

相关链接：川渊深而鱼鳖归之，山林茂而禽兽归之。——《荀子·致仕》

木茂则鸟集

欲致①**鱼者先通水，欲致鸟者先树**②**木，水积则鱼聚，木茂则鸟集。**

——《淮南子·说山训》

注 ①致：吸引。
②树：种植。

●●●● 释义 ●●●●

　　要想得到鱼，首先得治理好水域，要想引来鸟儿栖息，必须得先种树吸引它，水积聚了才有鱼生长，树木茂盛了才有鸟聚集。

　　在极度重视经济建设的今天，《淮南子》里的这段话，常常被我们用来强调"营造良好的投资环境对于招商引资的重要性"。而我们却一度忘记或忽视了"水积鱼聚，木茂鸟集"的本来含义。这段话强调了生物与环境之间的依存关系，认为环境的好坏，直接关系到物种的生死存亡，人类要想获得更多更好的自然资源，就必须不断优化和改善环境。

　　良好的生态环境，是维系生物圈平衡的基础，也是维系人类存在、延续的物质基础。如果生态环境不断恶化，生物物种将加快灭绝，继而对生态系统产生严重影响，使人类面临生存危机。据估计，世界上有一半以上的药物模仿天然植物合成，1/4 的药物直接从植物中提取或以植物为原料制成。农业也会由于新的食物链和生态系统活力的消失而受到影响。越来越多的证据表明，随着生物多样性的消失，自然和人工的生态系统功能也在发生变化。事实上，每失去一种物种，就失去了一种独特的基因库，这对人类是一种巨大的损失。

　　我国属于自然灾害多发区，高寒地带的雪灾、塌方、泥石流；干旱、半干旱地带的风、沙、旱灾；众多水系下游的洪涝灾害；一些地区还属于

环太平洋地震带的范畴，时有不同程度的地震发生。所以，有史以来我国真正风调雨顺的年景远少于灾害年，而 20 世纪以来灾害发生期更有明显的缩短趋势。除了自然灾害外，人为对环境与资源的破坏，加剧了自然灾害，造成了生态的退化与危机。随着城市的发展，以大气污染和水污染为主的环境污染成为突出的问题。

"水积鱼聚，木茂鸟集"的思想，可以看作是一种生态修复观，对于

我们重塑良好的生态环境具有指导意义。事实证明了这一观点的正确。近年来，我国许多地方正逐步认识到修复生态环境的重要性，投入巨资，着手生态环境的保护与治理，整治河道，开展绿化，效果逐步显现，原本黑臭的河道渐渐变清，污染环境的小工厂关闭后被树林和绿地取代，鸟儿、鱼儿这些人类的好朋友，重新回到城市居住。如上海市于1996年成立了市长挂帅的苏州河环境综合整治领导小组，正式启动综合整治工程，累计已经投入100多亿，搬迁两岸单位和居民数万户，完成苏州河6条支流3 000多个排污口的截污工作，利用潮汐调水，让河水实现单向流动，使昔日黑臭80年的苏州河基本变清，鱼虾重现。南京市于2004年启动实施3年治水工程，已先后完成了外秦淮河、玄武湖、月牙湖等城市河湖的环境综合整治。通过从长江调水，冲洗玄武湖，再从玄武湖流入外秦淮河，形成水循环。沿岸铺设污水管网，把污水送入污水处理厂，不再下河，城市河流告别黑臭现象，城市水环境明显改善。

对于我们赖以生存的环境，如果不加以珍惜和保护，待到灾难来临时才警觉，才进行治理，付出的代价将是惊人的。

被破坏的环境，还有待于我们去修复；修复后的环境，更需要我们细心呵护，长期维护。

智慧

相关链接：使叶落者，风摇之也；使水浊者，物挠之也。——《文子》

149

用兵智慧

和平发展是时代的主题，但天下并不太平。我们的军队要肩负起党和人民的重托，应该有全新的用兵智慧。古代的烽火狼烟虽然远去了，但其积淀下来的文韬武略，仍是可资借鉴的宝贵财富。

兵可千日而不用，不可一日而不备

兵^①可^②千日而不用^③，不可一日而不备。

——李延寿：《南史·陈暄传》

> **注**
> ①兵：指军队。
> ②可：可能。
> ③用：派上用场，这里指作战。

释义

平时供养、训练军队，有可能很久也派不上作战用途，但作为一个国家，军队又是一天都不能缺少的。

新中国成立后，为表彰人民解放军为解放全中国作出的突出贡献，总政治部于1950年9月在北京召开了第一届全国战斗英雄代表大会。为表彰先进，树立典型，推动部队建设，公安部队也决定于1953年8月召开公安部队首届英模代表会议。为了开好这届英模大会，党委会上大家提出请毛主席题词。毛主席针对当时国际国内形势和公安部队的实际情况，挥毫写下了"提高警惕，保卫祖国"八个大字。他说："全国虽然

名家美文话格言

相关链接：兵者，国之大事，死生之地，存亡之道，不可不察也。——《孙子兵法·计篇》

解放了，国际国内敌人还存在，他们还会利用一切机会进行破坏，公安部队必须提高警惕，防止国内外敌人破坏，巩固社会城市治安，保卫国家经济建设，肩负起内卫和边防任务，忠实地履行保卫祖国、巩固人民民主专政的职责。"从此，"提高警惕，保卫祖国"从公安部队首届英模会传遍全国公安部队，传遍全军，传遍全国。

要"提高警惕，保卫祖国"，就必须建设一支强大的军队。正如古人所说的，"兵可千日不用，不可一日不备"。

在革命时期，我军是夺取全国政权而进行武装斗争的重要力量。中国人民解放军自南昌起义诞生以后，在艰苦卓绝的革命战争中，为民族独立和人民解放，为新中国的诞生，建立了不可磨灭的功勋。没有这样一支人民的军队，就不可能有人民的解放和国家的独立。

在社会主义建设时期，人民解放军为国防的巩固、经济社会的发展、人民的幸福安宁作出了突出贡献。随着我们党领导的事业不断发展，我军已经成为社会主义建设时期巩固人民民主专政的坚强柱石、保卫社会主义祖国的钢铁长城和建设社会主义的重要力量。

军队建设在中国特色社会主义事业总体布局中占有重要地位。新世纪新阶段，党和人民赋予了我军光荣而重大的历史使命。现在，我军所处的历史条件和国内外环境发生了很大变化。我们党要团结带领全国人民实现继续推进现代化建设、完成祖国统一、维护世界和平与促进共同发展，就必须站在国家安全和发展战略全局的高度，统筹经济建设和国防建设，在全面建设小康社会进程中实现富国和强军的统一。

军队要为党巩固执政地位提供重要的力量保证，为维护国家发展的战略机遇期提供坚强的安全保障，为维护国家利益提供有力的战略支撑，为维护世界和平与促进共同发展发挥重要作用。

21世纪头20年，对我国来说，是一个必须紧紧抓住并且可以大有作为的重要战略机遇期。我们要聚精会神搞建设，一心一意谋发展，就必须要有一支强大的军队和一个巩固的国防。维护世界和平与促进共同发展，不仅要有良好的愿望，而且要有强大的实力。军队要维护好战略机遇期，最重要的就是运用军事实力所产生的威慑作用，遏制或延缓战争的爆发。

"养兵千日，用兵一时。"今天，"用兵"的内涵已经发生了很大变化。出兵交战是"用兵"，发挥强大军事实力所产生的威慑作用，同样是一种

"用兵"。"养兵""用兵"这一军事行为，与"千日""一时"这一时间概念对应，深刻揭示了和平时期养兵与战争状态用兵的关系，是关于"兵"的辩证法。战争中要经得起血与火的考验，平时也一定要严阵以待。

坚决维护国家主权、安全、领土完整，促进社会和谐稳定，为维护世界和平贡献力量，是我军的神圣使命。我军要增强忧患意识，把风险和困难估计得多一些，时刻做好应对各种危机的准备。

战争可能千日不打，但战备不可一日不做。我们既要看到和平与发展是当今世界的主题，又要清醒地看到世界并不太平。我们没有理由高枕无忧，甚至刀枪入库、马放南山。

运筹帷幄之中，决胜千里之外

上①曰："夫运筹策②帷帐③之中，决胜于千里之外，吾不如子房④。"

——司马迁：《史记·高祖本纪》

注 ①上：指汉高祖刘邦。
②筹策：计谋。
③帷帐：军帐，幕府。
④子房：张良，字子房，刘邦的谋士。

●●● 释义 ●●●

汉高祖刘邦说："讲到运筹策划于帷帐之中，取得胜利于千里之外，我不如张良。"

汉高祖刘邦曾经深有感触地说："夫运筹策帷帐之中，决胜于千里之外，吾不如子房；镇国家，抚百姓，给馈饷，不绝粮道，吾不如萧何；连百万之兵，战必胜，攻必取，吾不如韩信。此三人，皆人杰也，吾能用之，此吾所以取天下也。"

刘邦取得天下，在很大程度上就取决于这些谋士的辅佐。

张良是刘邦的主要谋士之一。张良在年轻的时候，就因家仇国恨反秦，谋划行刺秦始皇，但没有成功。后来，他遇到高人黄石公。黄石公通过让张良为他到桥下捡鞋、穿鞋等考验，认为"孺子可教"，就送给他一部《太公兵法》。从此，张良苦读兵书，日夜研习兵法，俯仰天下大事，变得足智多谋。他用学到的本领，帮助刘邦打天下，最终推翻了秦王朝，建立汉朝。

一次，刘邦亲率两万余人，想强行攻取峣关。峣关易守难攻，是通往秦都咸阳的咽喉要塞，也是最后一道关隘，秦有重兵扼守。刘邦唯恐项羽大军先入关中，因而心急如焚，忙向张良问计。张良说："目前秦守关的兵力还很强大，不可轻举妄动。"他向刘邦献了一个智取的妙计。他说："我听说峣关的守将是个屠夫的儿子，这种市侩小人，非常贪财，很容易用珍宝钱财买通。您可以留在营中，而派一支先遣部队，佯装有5万兵马的样子，并在周围山上遍插军旗，虚张声势，到处布设疑兵，然后再派人带着珍宝财物去劝诱他，事情就可能成功了。"刘邦依计而行。守将果然被财物打动，再一看四周都是汉兵，就答应投降了。

张良又及时提醒刘邦："守将虽然投降，但他的部下未必服从。要是部下不从，那就十分危险。不如趁他们斗志消减、没有准备的时候，一举消灭他们。"刘邦又采纳了张良的建议，发起攻击，大败守关秦军。又乘胜追击，一直打到秦都咸阳城下。当时，秦二世已被赵高杀死，刚做秦王不久的子婴眼见义军兵临城下，大势已去，只好开城出降。雄霸四方、威震海内的大秦帝国就这样灭亡了。最后，刘邦消灭了劲敌项羽，统一天下，做了汉朝皇帝。

刘邦奉楚怀王之命西进，到进入关中，迫使子婴投降，历时仅一年。由于他采纳了张良的计谋，军事进展十分顺利，从而赢得了时间，比项羽抢先一步进入关中。

因为张良体弱多病，不能直接指挥军队打仗，所以总是留在军营内，为刘邦出谋划策。这就是"运筹帷幄之中，决胜千里之外"的由来。

"运筹帷幄之中，决胜千里之外"，意思是说，指挥战争的才能很高，谋略很好，才能赢得战争的胜利。这是对智谋过人、料敌如神的军事家的高度赞扬。

孙子说，开战之前就预计能取胜，是因为筹划周密、胜利条件充分；开战之前就预计不能取胜，是因为筹划不周、条件不足。筹划周密、条件充分就能取胜；筹划疏漏、条件不足就会失败，更何况不作筹划、毫无条件呢？我们依据这些来观察，那么胜负的结果就很明显了。

但如何真正做到"运筹帷幄之中，决胜千里之外"呢？这就要看平时的经验是否丰富、知识储备是否渊博、对战争态势是否真正了如指掌了。正如宋朝的岳飞所说的："运用之妙，存乎一心。"

智慧

相关链接：凡事豫则立，不豫则废。——《礼记·中庸》

名家美文话格言

相关链接：善为士者不武，善战者不怒，善胜敌者不与，善用人者为之下。——《老子·六十八章》

不战而屈人之兵，善之善者也

是故百战百胜，非善①之善者也；不战②而屈③人之兵，善之善者也。

——《孙子兵法·谋攻篇》

注

①善：高明，好的。
②战：交战。
③屈：战胜。

●●● 释义 ●●●

因此，虽然百战百胜，也不算是好中最好的；若不交战而使敌人屈服，才算是高明中最高明的。

"不战而屈人之兵"是一套系统的战略理论，其方法手段很多。概括起来讲，主要有两个方面：一是整体实力的威慑。国富民安，兵强马壮，敌人就不敢贸然言战；二是通过外交谋略形成的心理威慑。通过说服、分化等手段，造成敌人的心理压力，使其有所顾虑，从而化解战端。

春秋战国时期，齐国的田常想作乱犯上，但迫于压力，于是就想通过发兵征伐鲁国，来分散大臣们对内政的注意力。鲁国的孔子听说后，非常焦急，就派子贡去说服田常。子贡通过到多个国家去游说，凭着三寸不烂之舌，说服各国按自己的计策行事。他唆使吴军与齐军去交战，果然打败了齐军。随后吴军又移兵攻打晋国，因晋国准备充分，吴军吃了败仗。越国趁机出兵袭击吴国，吴王匆忙带领败兵赶回国内与越军交战，没能打退越军，结果都城失守，越军杀死了吴王夫差，灭了吴国，开始称霸于东南一带。子贡的这一趟出使，其结果是，不但保存了鲁国，还削弱了齐国，灭了吴国，使晋国强盛，越国称霸，五个国家都发生了很大变化。子贡通过他的外交谋略，达到"屈人之兵"的目的，是一个相当经典的例子。

《左传》上也有一则类似的案例。晋秦联合伐郑，郑是一个小国，危在旦夕。善于辞令的郑国老臣烛之武夜里秘密出城，直奔秦营。一番外交辞令，入情入理、利害分明。他说，郑秦相距千里，中间隔着晋，郑国灭亡了，必然被晋占领，本来秦晋势均力敌，这样晋的势力就强大起来了。如果现在秦帮助晋攻打郑，这做法不正是养虎为患吗？何况晋国向来无信，欲壑难填，它强大了难免要向秦扩张。烛之武还提出，如果秦肯罢兵，将来进出中原，郑可以当中继站，还答应协助秦国牵制晋国。一番诱导，秦就倒戈与郑结盟，帮起了郑国，晋国只好退兵。郑国化解了亡国之患。

三国时的郭嘉也是一个高手，兵法谋略运用精妙，让人叹服，很受曹操喜爱。曹操打败袁绍后，尚有袁熙、袁尚未除。两人逃到辽东，投奔了公孙康，而那时辽东还没有被平定，一时间极难攻克。曹操想一举铲除他们，千里远征，却处于进退两难的境地。郭嘉在病榻上写信给曹操，叫他不要把公孙康逼得太紧，太紧他们就会联手抵抗。如果不去逼迫他们，他们必将互相争斗，到时候辽东一举可定。曹操遵照他的计策，按兵不动，隔岸观火，就等着听好消息。果然不出所料，袁氏兄弟想除掉公孙康占领辽东地区，公孙康自身受到了威胁，率先杀掉了"二袁"，遣使来降。曹操没费一兵一卒便除掉强敌，收复了辽东。

《战国策》上有一则"唐雎不辱使命"的故事。秦王以强凌弱，想以500里地换取小小的安陵国，显然没安好心。安陵国的使臣唐雎不畏强暴，冒死与秦王抗争，终于使秦王放弃了。当唐雎拔出宝剑，要"伏尸二人，流血五步，天下缟素"时，秦王吓得脸色大变，长跪致歉。唐雎这种凛然不可侵犯的独立人格和自强精神，达到了"不战而屈人之兵"的目的，在历史的长河中熠熠生辉。

相关链接：故上兵伐谋，其次伐交，其次伐兵，其下攻城。——《孙子兵法·谋攻篇》

"不战而屈人之兵"，就是要在实力上，或是心理计谋上，制胜对方，从而避免交战，达到取胜的目的。这是兵法中的"善之善者"，高招中的高招。这种取胜方式，是最好的。在以和平发展为主题的今天，这种兵法谋略仍然有很好的借鉴警世意义。一方面，我们要加快发展，富国强兵，不怕打仗；另一方面，我们又要通过外交谈判等途径，用对话的方式来解决矛盾和冲突。

名家美文话格言

相关链接：故善用兵者，屈人之兵而非战也。——《孙子兵法·谋攻篇》

千军易得，一将难求

千军①**易得，一将**②**难求。**

——马致远：《汉宫秋》

相关链接：夫将者，国之辅也，辅周则国必强，辅隙则国必弱。——《孙子兵法·谋攻篇》

注	①军：兵士。
	②将：将领。

●●●● 释义 ●●●●

集成千的兵士很容易，但找到一个好的将领却很困难。

　　孙子对将帅的作用特别重视，他曾把将帅和国家之间的关系，比喻成车子和辅木的关系，来说明将帅在国家安全中的重要地位。在中国古代，辅木是安装在车子上的一个重要设备，"辅"和"车"只有紧密地连接在一起，才能使车辆正常安全地运行。他说，所谓将帅，就像是国家的辅木，辅木设置运行得周密可靠，则国家一定会强盛，辅木设置运行得有空隙不牢靠，国家就一定会衰弱。

　　历代帝王，深谙此理。周文王为了消灭残暴的商纣王，到处访贤求能，他在渭水南岸遇到了直钩钓鱼的姜尚，听了他治国安邦的一番见解，心悦诚服，马上请他到王宫。文王靠他的远见卓识，访求到了出类拔萃的贤才。这位姜太公在文王死后，辅佐武王伐纣，一举灭商。

三顾茅庐的故事人们已经耳熟能详。刘备屈尊，三顾寻访。刘备的三顾，赢得了诸葛亮的感恩之心，两人肝胆相照，共谋大业，终于使刘备从亡命将军，变成了一方枭雄。即便后主刘禅昏庸，诸葛亮也鞠躬尽力，死而后已。

楚汉相争时，韩信因得不到重用，从刘邦那里不辞而别。萧何闻讯，连夜追赶，这便是"萧何月下追韩信"的典故。刘邦得知他去追韩信，还怪罪道："跑了那么多将领，你没去追，为什么去追韩信呢？"萧何说："诸将容易得到，至于像韩信这样的人，可以说找不到第二个了。大王若只想称王汉中，就用不着韩信；若要争夺天下，除了韩信，没有第二个人可同您共谋大事的了！"在萧何的举荐下，刘邦选择吉日良辰，隆重拜韩信为大将。一夜之间，韩信从一个无名小卒而位冠三军。萧何是靠他的一片诚心追回了难得的将才。后来，韩信果然不凡，运筹帷幄，出蜀中逐鹿中原，明修栈道，暗度陈仓，打败了项羽，为刘汉王朝打下了半壁江山。

《战国策》上也记载了这样一则故事。燕国国君燕昭王一心想招揽人才，但很多人认为他仅仅是叶公好龙，不是真的求贤若渴。因此，燕昭王始终没有寻觅到治国安邦的英才，整天闷闷不乐。后来有个智者郭隗给燕昭王讲述了一个故事，大意是：有一个国君愿意出千两黄金去购买千里马，然而始终没有买到。后来，总算发现了一匹，国君就立即派人带着大量黄金去购买。但赶到的时候，马已经死了。可被派出去买马的人却用五百两黄金把这匹死了的千里马买回来了。国君生气地说："我要的是活马，你怎么花这么多钱买回一匹死马呢？"那人解释说："你舍得花五百两黄金买死马，更何况活马呢？我们这样做之后，肯定会引来天下人为你提供活马。"果然，没过几天，就有人送来了三匹千里马。郭隗接着又说："你要招揽人才，首先要从招纳我郭隗开始，像我郭隗这种才疏学浅的人都能被国君采用，那些比我本事更强的人，必然会闻风千里迢迢赶来。"

燕昭王采纳了郭隗的建议，拜郭隗为师，为他建造了宫殿。果然，没过多久，就形成了"士争凑燕"的局面。投奔而来的有魏国的军事家乐毅，有齐国的阴阳家邹衍，还有赵国的游说家剧辛，等等。落后的燕国一下子便人才济济了。从此以后，一个内乱外祸、满目疮痍的弱国，逐渐成为一个富裕兴旺的强国。

俗话说：兵熊熊一个，将熊熊一窝。一支军队，如果没有一个出色的将领来领导和管理，就会像一盘散沙，缺乏战斗力。如果遇有困难或敌情，就会一蹶不振、一触即溃。所以说，将领在军队中的作用是至关重要的，起着核心作用。我们可以打这样一个形象的比喻：一只虎为首的羊群，可以打败一只羊为首的虎群。

智慧

相关链接：贤才，国之宝地。——夏燮《明通鉴》

用兵之道，攻心为上，攻城为下

夫用兵之道①，攻②心为上，攻城为下，心战③为上，兵战为下。

——陈寿：《三国志·蜀书》

注
①道：道理，策略。
②攻：征服。
③战：较量。

●●● 释义 ●●●

用兵的策略，征服人心是上策，征服城池是下策，用心理去较量是上策，用兵去作战是下策。

南征，是诸葛亮治蜀的一个重要政绩。在这次征战中，他成功地运用"攻心为上"的政策，胜利平定了南中叛乱，给后人留下了宝贵的经验。

南中叛乱是蜀国被孙吴打败之后面临的一个严峻局面，当时刘备刚死，后主刘禅即位，政权不稳，加上孙吴、曹魏威胁在外，形势十分危急。但辅佐后主的诸葛亮，临事不慌，没有仓促起兵，而是暂时"抚而不讨"，命令各地闭关严守。同时急忙派遣能言善辩的邓芝，两次赴吴，以刘孙联盟共同抗曹的利害关系，说服孙权，重建了联盟，这就减轻了外部压力。这样，蜀汉政权获得了喘息机会，通过整顿内政，形势趋于稳定。于此之后，诸葛亮开始了平定南中的征战。

临行时，参军马谡奉后主之命，前来劳军。诸葛亮特地把他留在帐中，听取他对这次南征的意见。马谡回答道："夫用兵之道，攻心为上，攻城为下，心战为上，兵战为下。"马谡的一席话，正好说到诸葛亮的心坎上，他深表赞同。

孟获是一个作战勇敢的人，特别是在当地少数民族中有很高的声望和号召力。对于这样的人物，诸葛亮采取"攻心为上"的政策，七擒七纵，终于使孟获感激涕零，发誓永不再反。诸葛亮镇抚南中的成功，解除了蜀汉的后顾之忧，奠定了巩固的后方。后来，诸葛亮挥师北上，开始北伐曹魏的战争。这是"攻心为上"的千古绝作。

尽管马谡的"攻心为上"是针对特定的作战背景提出的，但与刘备、诸葛亮一贯的政治见解和策略是一致的。刘备非常注意收买人心，时刻保持一种"爱民惜物"的"忠厚长者"的形象，被人看作是一位仁德圣明的君主。他文不及孔明，武不及关、张，而能被曹操称为和自己并驾齐驱的"天下英雄"，被周瑜、鲁肃看成是不好对付的"枭雄"，在你争我夺的乱世中崛起，其根本原因也在于此。

齐国是春秋战国时期第一个称霸的国家，但齐桓公死后就逐渐衰败了。齐景公当上国君后，齐国再度繁盛，这引起了称霸中原的晋国的不安。晋平公打算征伐齐国，就先派范昭出使一探虚实。

范昭到了齐国，齐景公设盛宴款待时，范昭说："请大王把酒杯借我用一下。"齐景公不知其意，便吩咐侍从照办。范昭端起酒杯，一饮而尽。晏婴看在眼里，厉声命令侍从："撤掉这个酒杯！给国君换一个干净的。"

范昭吃了一惊，佯作喝醉，手舞足蹈跳起舞来，还要乐师演奏"成周之乐"。乐师悟出了其用意，便起身回绝道："下臣不会奏成周之乐。"范昭再次自讨没趣。

齐景公责怪晏婴失礼，晏婴回道："范昭是来试探我国实力的，微臣这样做，是要挫他的锐气，使他不敢小看我们。"乐师也跟着说："成周之乐是供天子使用的，范昭不过是个小小的使者，他也太狂妄了。"齐景公恍然大悟。

范昭回国后，不无感触地对晋平公说："齐国国力不弱，群臣同心，暂时不可图谋。"晋平公于是打消了攻伐齐国的念头。

古往今来，任何战争无不与心理战相关，现代战争中，心理战也是瓦解敌人的重要手段。如今是信息时代，随着科学技术的飞速发展，战争越来越现代化，心理战的实施手段也越来越多样化。心理战已经以一种全新的作战样式，被广泛应用于战争领域并发挥着巨大作用，引起了世界各国的普遍关注和青睐。兵不血刃而能胜，这是最高境界。

知己知彼，百战不殆

知①己知彼②者，百战不殆③；不知彼而知己者，一胜一负；不知彼，不知己，每战必殆。

——《孙子兵法·谋攻篇》

注
①知：掌握，熟悉。
②彼：对方，对手。
③殆：失败。

●●●● 释义 ●●●●

了解自己又了解敌人，百战都不会失败；不了解敌人只了解自己，胜败可能各半；既不了解敌人也不了解自己，每战必败。

公元前 575 年，晋国联合齐、鲁、卫等国一道出兵杀向郑国。楚共王不甘示弱，亲自统率楚军、郑军及夷兵，迅速北上援救郑国，晋、楚两国军队在郑地鄢陵遭遇。当时晋国的盟军齐、鲁、卫军尚在开赴鄢陵的途中，楚共王统率各部要趁齐鲁各国军队到来之前，先集中优势兵力击破晋军。为此，楚军趁晋军不备，利用晨雾作为掩护，突然逼近晋军营垒布阵，以期速决速胜。

晋军见盟军未到，加上营垒泥沼兵车无法出营列阵，晋军主帅栾书主张固守待援，"楚军轻窕，固垒而待之，三日必退，退而击之，必获胜焉"。然而新军统帅郤至对楚军非常熟悉，他认为，楚军有诸多弱点：楚军中军帅子反和左军帅子重关系不好；楚王的亲兵已经老旧，并不精良；随楚出征的夷兵不懂得阵法；楚军布阵于无月光之夜，实属不利；楚军阵中士卒喧哗不静，秩序混乱。他觉得，如此杂乱无章的军队一旦投入战斗，必然是互相观望，没有斗志，若乘机发动进攻，一定能够把他们击败。晋厉公认为郤至所言在理，于是改变先前计划，决心立即与楚军决战。

双方在决战前夕都进行了战场侦察活动。楚军方面，楚共王在晋国叛臣伯州犁陪同下，观察晋军阵营内的动静。伯州犁向楚共王逐一解释晋军活动的性质和目的，介绍晋军的临战准备情况。但是，楚军还是不能判明晋军的作战意图。再看另一边的晋军，晋厉公也在楚旧臣苗贲皇的陪伴下，登高台观察楚军的阵势。苗贲皇熟悉楚军内情，便向晋厉公提出建议：楚军的精锐是在中军的王族部队，晋军应先以精锐部队分击楚的左、右军，得手后，再集中攻击楚中军。

晋厉公和栾书欣然采纳这一建议，及时改变原有阵势，确定了首先击破楚军薄弱的左、右军，尔后围歼中军的作战方案。部署一定，晋军迅速出营，向两侧的楚军发起进攻。

楚共王以为晋中军兵力薄弱，即率中军攻打，企图先击败晋中军，结果遭到顽强抗击。晋将魏锜用箭射伤楚共王的眼睛，迫使楚中军后退，无暇支援两翼。晋军乘势猛攻楚左、右军，楚军抵挡不住，阵势大乱，纷纷败退。双方从清晨一直打到夜幕降临，楚军损失很大，公子茂也成了晋军的俘虏，只得败回。

鄢陵之战，是晋楚争霸中的第三次，也是两国军队主力的最后一次会战，成为晋楚争霸的最后一幕。它标志着楚国对中原的争夺从此走向颓势。当然，晋国方面虽然借此得以重整霸业，但对中原诸侯的控制力也逐渐减弱了。中原战场开始沉寂下来。

此战中，晋军"知己知彼"，善察战机，巧妙指挥，击败了同自己争霸中原的老对手。楚军在这场会战中，失败的原因有很多，比如仓促兴师，行军太急，造成军队疲劳；一味强调速战速决，过于急躁，等等。但最为重要的，还是未能判明晋军的作战意图，并采取相应的灵活措施。而晋军因为对楚军了解透彻，又当机立断，及时改变部署，加强两翼，从而一举击败楚军。

"知己知彼"是《孙子兵法》中最根本的也是最脍炙人口的谋略，是正确指导战争的前提。告诫交战双方，要明确己方与敌方的各种条件，从而开展有利于己方的作战部署。而对于己方的不利因素，则要采取积极补救措施，使战争有利于己。

　　孙子还提出了"知胜"的五条原则："知可以战与不可以战者胜；识众寡之用者胜；上下同欲者胜；以虞待不虞者胜；将能而君不御者胜。"

　　"知己知彼，百战不殆"，指出了解决战争胜负的中心环节和基本内容，指出了"知"与"战"的辩证关系，成为家喻户晓的名言。

一鼓作气，
再而衰，三而竭

夫①战，勇气也。一鼓作气，再而
衰，三而竭②。彼竭我盈③，故克之。

——《左传·庄公十年》

> **注**
> ①夫：句首语气助词。
> ②竭：锐气丧失。
> ③盈：旺盛。

释义

作战是要靠勇气的。第一次击鼓时士气振奋，第二次击鼓时士气就要低落些，第三次击鼓时士气就衰竭消失了。敌人的士气衰竭了，我军的士气正是旺盛的时候，所以战胜了敌人。

《左传》是我国最早的一部编年体史书，也称《左氏春秋》或《春秋左氏传》，相传作者为鲁国盲人史官左丘明。该书记载了春秋时期从鲁隐公元年（公元前772年）到鲁哀公二十七年（公元前468年）二百多年间，各国的政治、军事、外交等方面的事情。

《左传》上有一篇《曹刿论战》，讲述的是发生在鲁国和齐国之间

名家美文话格言

相关链接：故善用兵者，避其锐气，击其惰归，此治气者也。——《孙子兵法·军争篇》

的长勺之战，这是我国古代以弱胜强的著名战例。当时齐国强大，鲁国弱小，面对齐国的来犯，鲁庄公采纳曹刿的意见，运用正确的战略战术御敌，赢得了这场战争的胜利。

公元前 684 年，齐桓公以鲍叔牙为大将，率大军攻打鲁国，一直打到鲁国的长勺。尽管鲁庄公早已有所准备，操练人马，赶制武器，但鲁国是小国，力量有限，眼见齐军已攻入国境，鲁庄公深感自己兵力不足，他决心动员全国力量和齐国决一死战。

鲁国有个平民叫曹刿，听说齐国已打了进来，非常焦虑，请求见鲁庄公，谈谈自己的看法。通过交谈，鲁庄公知道他是个有才能的人，就让他和自己同坐一辆战车，来到长勺前线。

曹刿和鲁庄公察看阵地，见鲁军所处的地势十分有利，心里很高兴。恰在此时，齐军擂起战鼓，准备进攻，鲁庄公也想击鼓，曹刿劝阻了他。曹刿还建议鲁庄公下令："不许呐喊，不许出击，紧守阵脚，违令者斩！"随着震天的鼓声，齐军喊叫着猛冲过来，可是鲁军并未出战，阵地稳固，无隙可乘，齐军没碰上对手，只好退了回去。

时隔不久，鲍叔牙再次击鼓，催促士兵冲锋，鲁军阵地还是没有一个人出战。齐军第三次击响战鼓，向鲁军阵地冲来，但将士们已经体力困乏，信心不足了。

曹刿见齐军第三次的战鼓声威力不足，冲锋的队伍也比较散乱，这才对鲁庄公说："主公，可以击鼓进军了！"鲁军将士听到自己的战鼓声，齐声呐喊，杀向齐军，齐军抵挡不住，掉头向后逃跑。鲁庄公正要下令追击，曹刿劝阻道："让我先下车看一下。"曹刿下车察看齐军兵车碾过的车轮印迹后，又登上车前槽木眺望齐军败退的情况，然后对鲁庄公说："可以追击了！"鲁庄公立即令全军追击齐军，一直把齐国兵将赶出鲁国的国境。

战斗结束后，鲁庄公向曹刿请教。曹刿说："打仗，主要是靠勇气。第一次击鼓，将士们的勇气最盛；第二次击鼓，将士们的勇气就衰退许多；到第三次击鼓之时，勇气就差不多丧失光了。齐军三次击鼓冲锋，勇气已尽，而我们此时才击鼓进军，勇气旺盛，因此能打败齐军。不过，当敌军溃逃时，要防备佯败设伏，我看他们旗帜歪倒，车辙很乱，才知道他们是真败了。"

《曹刿论战》详细描述了曹刿战前了解民情、战时沉着指挥、战后分

智慧

相关链接：魏军既败，韩军自溃，乘胜逐北，以是之故能立功。——《战国策·中山策》

析总结的情况。战前，曹刿通过和鲁庄公交谈，确信鲁庄公是百姓所拥护的，因此认为"可以一战"；战时，曹刿制止了鲁庄公的急躁情绪，指挥若定，大败敌人；战后，鲁庄公不明就里，问其原因，曹刿娓娓道出了他的兵法谋略。

善于用兵的人，总是避开敌人的锋芒，等到敌人松懈了，再去攻击，对于自己一方，则是要在士气最旺盛之际发起进攻。齐鲁之战中，鲁国大胜靠的就是"避其锐气，击其惰归"。"一鼓作气"作为成语沿用至今，比喻趁劲头大时，一下子把事情做完，不要停歇、间断。

名家美文话格言

相关链接：未战养其财，将战养其力，即战养其气，即胜养其心。——荀淘：《心术》

相关链接：军有所不击，城有所不攻，地有所不争，君命有所不受。
——《孙子兵法·九变篇》

将在军，君命有所不受

孙子曰："臣既已受命为将，将在军[1]，君[2]命有所不受[3]。"

——司马迁：《史记·孙子吴起列传》

注　①军：军队。
　　②君：国君。
　　③受：听从。

●●●● 释义 ●●●●

孙子说："我既然已经被任命为将帅，将帅在军队中，国君的命令也不是都要听从的。"

"君命有所不受"的思想，历来受到兵家、将帅的推崇。《史记》中收录了许多这样的案例。一则是关于"孙子练兵"的故事。说的是齐国发生内乱，孙子逃到了吴国，经大臣伍子胥的推荐，以《兵法》十三篇晋见吴王阖闾。吴王读罢兵法，虽赞不绝口，但恐其只会纸上谈兵，就想见识一下他的真本领。吴王召集宫女180人，让他操练。孙子将宫女分成左右两队，命吴王的两个宠姬各为队长，又设一人为执法。孙子亲自教习，当众宣布军法，并三令五申。但两个宠姬和宫女们依旧嘻嘻哈哈，根本不听指挥。孙子大怒，为整顿军纪，他下令将两个宠姬斩首示众。吴王见要斩

名家美文话格言

相关链接：军中闻将军令，不闻天子之诏。——司马迁：《史记·绛侯周勃世家》

自己的两个宠姬，十分惊骇，急忙让大臣去说情，解救二人。孙子说："将在军，君命有所不受。"他没有答应吴王的要求，坚持斩了她们。宫女们见动真格了，无不大惊失色，十分震惊。在以后的训练中，再也没有一个人敢马虎了。后来，孙子向吴王汇报说，现在这些敢于赴汤蹈火的兵士已经训练好了，可以为王所用了。吴王不得不承认孙子的"通天御地之才"，再也不敢小看他了。吴王重用孙子，封其为上将军，后来，吴国成为春秋五霸之一。

另一则故事说的是这样一件事情。周亚夫是西汉名将，年少时就喜读兵书，智谋过人。公元前158年，匈奴大举侵犯，他驻军细柳，治军严谨，训练有素。一次，汉文帝及其随从到细柳慰问他的军队，虽然看门的知道是文帝来了，但因为没有将军的指令，还是不让他们进来。后来文帝派人找到周亚夫，他发话了，看门的这才放行。进了军营，按规定车马不得"驱驰"，文帝一行就遵章守纪地"徐行"。这便是"军中闻将军令，不闻天子之诏"。

还有一则是说田穰苴的。齐景公时，晋军、燕军进攻齐国，齐军战败。晏婴向齐景公推荐田穰苴，景公召见穰苴，和他谈论军事，很赏识他，任命他为将军。不过以田穰苴的名望和身份，当时军队里很多人对他都心有不服，于是他跟景公说，我身份卑微，您把我提拔起来，位列大夫们之上，恐怕士卒不拥护，百姓不信任，所以我想请您选派一个有威信的人做我的监军。景公答应了，就派宠臣庄贾去担任监军。穰苴与庄贾约定第二天中午在营门相会。第二天，穰苴先赶到了，可庄贾那边因为亲戚同僚为他送行，喝了很多酒，黄昏时分才赶到。穰苴叫来军法官问："按军法误了规定时限而迟到的，该怎么处理？"军法官说："应该斩首。"庄贾害怕了，急忙派人飞马急报齐景公。派去的人还未回来，穰苴就把庄贾斩了，在全军示众。全军将士大为惊惧，肃然起敬，士气十足。消息传开后，晋军就撤兵了，燕军也取消了攻齐计划。齐军收复了全部失地，军威大震！穰苴说的还是那句话："将在军，君命有所不受。"

《孙子兵法》也说：有的道路可以不走，有的敌军可以不打，有的城池可以不攻，有的土地可以不争，国君的命令也并不是件件都必须听从的。

我们现在常说的"将在外，君命有所不受"，其实是一条基本的兵法常识。军队远征在外，作为一个指挥将领，不能拘泥于战前既定的战略战术部署，也不能死板地执行后方指挥发出的指令。因为战场上的态势瞬息万变，战前不可能尽数掌握。同时，战斗打响了，有些机会更是稍纵即逝，容不得犹豫等待。作为一名前线指挥官，要及时捕捉战局的细微变化，充分把握每一个战机，及时作出反应，将战局导向有利于己方的一面。如果瞻前顾后，就会错失良机，甚至一败涂地。

攻其无备，出其不意

攻其无备[1]，出其不意[2]。此兵家之胜，不可先传[3]也。

——《孙子兵法·计篇》

> **注**　①备：防备。
> ②意：意料。
> ③传：预料，规定。

相关链接：兵不在多，在人之调遣耳。——罗贯中：《三国演义》

名家美文话格言

 释义

　　要在敌人无准备的情况下突施攻击，要在敌人意想不到的情况下采取行动。这些军事家取胜的奥妙，是不能事先料定的，要灵活运用。

　　有备和无备，准备得是否充分，历来都是兵家极其关注的。军事上的"攻其无备，出其不意"，是指在敌方没有戒备的特定时间、地点等情况下突然实施攻击。这种突如其来的袭击能在军事上和心理上给敌方造成巨大的压力，从而使敌方在慌乱之中做出错误的判断，采取错误的行动，以至酿成失败的恶果。

　　《三国演义》记载了许多这样的战例。公元196年，孙策为解除江南的后顾之忧，以便集中力量与曹操争雄，就在固陵发起偷袭王郎的战争。太守王郎顽强抗击，孙策从水上连续数次进攻都未能奏效。这时，孙策的叔父孙静建议说，王郎凭借坚固工事进行防御，不容易攻克，必

须"攻其无备，出其不意"！孙策采纳这一建议，首先造成假象，佯装部队主力仍然集结在原处，然后利用天黑迂回到王郎的侧后，突然发起进攻。王郎惊慌失措，兵败逃窜，会稽一带尽归孙策所有。

　　魏景元三年（公元262年），魏国兵分三路大举伐蜀。在连连失利的情况下，蜀将姜维集中兵力退守剑阁。由于蜀军扼守险要，魏镇西将军钟会屡次进攻不能奏效。这时，魏征西将军邓艾利用钟会和姜维相持的机会，亲率精锐经荒无人烟之地，凿山开道，涉险奔袭。当仅有两千人的魏兵出现在蜀军面前时，蜀军惊惧奔逃，一片混乱。邓艾势如破竹，直抵成都城下。当姜维大军还在剑阁浴血坚守时，成都的后主已经出降称臣了。

相关链接：战者，以正合，以奇胜。——《孙子兵法·兵势篇》

相关链接：见机之道，莫先于不意。——诸葛亮：《将苑·应机》

自孙武提出"攻其无备，出其不意"的兵法之后，历代兵家都把它视为珍宝，推崇备至。要做到"攻其无备，出其不意"，就要选择适当的时间和地点，确实掌握敌方的"备"与"无备"；要巧妙地隐蔽自己的意图和行动，否则敌方有了"备"，而我方反而"无备"，只能一败涂地；要以迅雷不及掩耳的速度和力量发起突然攻击。

在对手失去戒备的情况下，或者以对手料想不到的时间、地点、方式，实施突然打击，在短时间里取得军事上的巨大效果，能使对方在慌乱中作出错误判断，采取错误行动，招致连连失败。尤其在敌强我弱的情况下，更要采取这种避实就虚的制胜谋略，攻击对手意想不到的薄弱环节，从而以弱胜强，以少胜多。

作战是一场十分复杂的军事行动，天时、地利、敌情，变化莫测，谁能根据战场的具体情况做好充分准备，谁就能掌握战场的主动权，谁就有可能获得胜利；反之，即使有优势而无准备，那也可能由优势转变为劣势，从而导致最后的失败。

陷之死地而后生，置之亡地而后存

信①曰："《兵法》②不曰'陷之死地而后生，置之亡地而后存'？其势非置之死地使人自为战，今予之生地，皆走，宁尚可得而用之乎？"

——司马迁：《史记·淮阴侯列传》

注　①信：指韩信。
　　②《兵法》：指《孙子兵法》。

••••• 释义 •••••

韩信说："兵法不是说'陷之死地而后生，置之亡地而后存'吗？在那种形势下，不得不将军队置于死地，使人人为保全性命奋战，如果留下退路，都会逃跑，哪里还能留住并指挥他们作战呢？"

公元前206年，盛极一时的秦帝国灭亡后，西楚霸王项羽和汉王刘邦为争夺天下，展开了历史上有名的楚汉战争。在这场战争中，汉大将韩信表现出了卓越智谋和用兵韬略，其战绩堪称军事史上的奇观，井陉之战则是他辉煌战例中的典型。

汉高祖三年（公元前204年）十月，韩信率1万余新招募的汉军攻打项

名家美文话格言

相关链接：项羽乃悉引兵渡河，皆沉船，破釜甑，烧庐舍，持三日粮，以示士卒必死，无一还心。——司马迁：《史记·项羽本纪》

羽的附属国赵国。赵王歇和赵军统帅成安君陈余集中 20 万兵力于太行山区的井陉口，先期扼守有利地形，准备与韩信决战。井陉口易守难攻，赵军兵力雄厚，以逸待劳，处于优势和主动地位。反观韩信，麾下只有万余众，且为新招募之卒，千里行军，人马疲惫，处于劣势和被动地位。

赵军谋士李左车向陈余建议：正面坚壁不战，只要严守，就可万无一失。并自请带兵 3 万，绕到敌后，切断汉军粮道，使韩信"前不得斗，退不得还"，最后前后夹击，一战获胜。但陈余不以为然，认为"义兵不用诈谋奇计"，且认为韩信兵少而疲，不应避而不战，他拒绝了李左车的建议。

韩信深谋远虑，自知双方兵力悬殊，如采用强攻，必会受挫，于是决定在离井陉口很远的地方驻扎下来，反复研究地形地势和赵军部署。当韩信探知李左车的计策没有被采纳，赵军主帅陈余有轻敌情绪和希图速决的情况后，立即指挥部队开进到离井陉口 30 里远的地方扎下营来。半夜时分，韩信选拔 2000 轻骑，每人带一面汉军的红旗，乘天黑悄悄从山间小道迂回到赵军大营的侧后方埋伏。

第二天，韩信亲率主力到井陉口，摆下"背水阵"，引诱赵军出击。果然，赵军见汉军背水列阵，无路可退，纷纷讥笑韩信不懂兵法，便倾巢而出，试图一举擒获韩信。这时赵军营垒已空，韩信预先埋伏下的 2000 轻骑乘虚抢占了赵军营寨，在赵军营垒遍插汉军红旗。鏖战中的赵军突然发现背后营垒插满汉旗，队形立时大乱。韩信趁势反击，将 20 万赵军杀得大败，斩杀赵军统帅陈余，生擒赵王歇，灭了赵国。

井陉之战，韩信以万余的劣势兵力，背水列阵，灵活用兵，一举击破 20 万赵国大军，灭亡了项羽分封的赵国，谱写了中国军事史上的精彩篇章，即使在人类战争史上也有着十分突出的意义。

回溯历史，也有这么一个故事。当时秦国的 30 万人马包围了赵国的巨鹿，赵王连夜向楚怀王求救。楚怀王派宋义为上将军，项羽为次将，带领 20 万人马去救赵国。谁知宋义听说秦军势力强大，半路不前。项羽一气之下杀了宋义，带着人马去救赵国。他亲率主力渡过漳河后，让士兵们把渡河的船凿穿沉入河里，把做饭用的锅砸个粉碎，把房屋统统烧毁，每人只带三天干粮，表示有进无退、一定要夺取胜利的决心。楚军士兵没打算再活着回去，就以一当十，把秦军打得大败。这一仗不但解了巨鹿之围，而且把秦军打得再也振作不起来，过了两年，秦朝就灭亡了。

　　现在我们经常说到的"破釜沉舟""背水一战""置之死地而后生"等典故，原意是指作战时把军队布置在无法退却、只有战死的境地，兵士就会奋勇前进，杀敌取胜。现比喻事先自绝退路，下决心不顾一切地干到底。当然，这不是冒险蛮干，不是"孤注一掷"，而是建立在充分的分析和形势判断上的。生活中有些事情就是这样，认准的事，需要我们丢掉幻想，一往无前地干下去，要是瞻前顾后，想得太多，往往会错失良机，甚至会一败涂地。

先发制人，后发制于人

先发①制②人，后发制于人。

——班固：《汉书·项籍传》

名家美文话格言

相关链接：先人有夺人之心，后人有待其衰。——《左传·昭公二十一年》

> **注** ①发：发动，开始行动。
> ②制：控制，制伏。

••••• 释义 •••••

　　原指在战争中的双方，先采取行动的往往处于主动地位，可以制伏对方，后行动的就会被对方打败。后来泛指先下手采取主动。

　　公元前209年，爆发了中国历史上第一次农民大起义——陈胜吴广起义。当时，项梁和其侄子项羽为躲避仇人的报复，跑到吴中。会稽郡郡守殷通，素来对项梁十分敬重，为商讨当时的政治形势和自己的出路，就派人找来了项梁。项梁见了殷通，谈了自己的看法，他说："现在长江以北到处都在反抗秦朝的暴政，这是上天灭亡秦朝的时候了。先发动可以制伏别人，后发动就要被别人所制伏啊！"殷通听了之后，叹了一口气说："听说您是楚国大将的后代，是能干大事的。我想发兵响应起义军，请您和桓楚一起共同指挥兵马。只是不知道桓楚现在在哪里？"项梁听了，心想我可不愿听你摆布，做你的部属，灵机一动，说："桓楚因

相关链接：先下手为强，后下手遭殃。
——邵霆：《雷特传奇·单刀赴会》

名家美文话格言

相关链接：军志曰："先人有夺人之心"，薄之也。——《左传·宣公十二年》

触犯了刑律流亡在江湖上，只有我的侄子项羽知道他在哪里。我把项羽叫进来问问。"说完，项梁走到外面，轻声叫项羽准备好宝剑，伺机杀死殷通。叔侄俩走进厅堂，殷通刚站起身想要接见项羽，说时迟，那时快，项羽拔出宝剑直刺殷通，随即砍下他的人头，佩带着郡守的大印，走到门外，当众宣布起兵抗秦，自立为会稽太守。他们很快招得八千江东子弟，起义反秦。秦朝在各路义军的打击下土崩瓦解，到公元前206年，秦朝灭亡了。

这就是"先发制人，后发制于人"这一掌故的由来。

《三国演义》里有一则"司马懿擒孟达"的战事，说的也是"先发制人""兵贵神速"的道理。

魏明帝太和元年（公元227年），魏国新城太守孟达密谋反曹。当他得到孙吴、刘蜀的暗中支持后，便在新城举起了义旗。这一消息马上传到了驻守在宛城的曹军元帅司马懿那里。司马懿一听，左右为难。因为按照正常的程序，采取重大军事行动要获得朝廷的批准，自己应先请示报告，得到皇帝诏书才可对孟达采取行动。但那样一来，从宛城到朝廷所在地洛阳来回有1200里地，快马也要10来天。若孙吴、刘蜀再来相助，那就很难征讨了。怎么办呢？自行采取行动吧，朝廷已有嫌自己权势过大的迹象；等皇帝诏令吧，将错过克敌制胜的时机。司马懿思量再三，觉得还是应以国家利益为重。于是一边上疏报告情况，解释原因，一边率大军即刻进发。

为偷袭敌人，打敌人一个措手不及，司马懿让三军偃旗息鼓，分为8队齐头并进，昼夜兼程，到达目的地仅用了8天。

司马懿的人马刚一出现，马上在孟达军中引起一片惊慌。原来计划，司马懿请示朝廷后率兵至此，少说也要一个月。孟达已按一个月的时间安排了加固城墙的任务。新城内粮草充足，而司马懿劳师远进，粮草不可能带多。待坚固工事修成后，则坚壁不战，等司马懿粮草不济无奈退兵时，再加以突发袭击，定能取胜。哪知司马懿仅8天便到了新城，一下子打乱了孟达的计划部署，新城城墙不坚的弱点一下子暴露出来。

司马懿稍事休整，便挥师杀来。孟达部将邓贤和李辅等见大势已去，便打开城门投降。司马懿挥师杀进城去，斩杀孟达，迅速平定了这场叛乱，受到了朝廷嘉奖。

"先发制人"本是一句军事术语，指交战双方，先发动进攻就能争取主动，制伏对方。战争中很看重这一点。在《隋书·李密传》上，有"先发制人，此机不可失也"，在《兵经百字·上卷智部》上也有"兵有先天，有先机，有先手，有先声"，都是说的"先发制人"的高妙。当然，兵法不是死理，要看具体的情况见机行事，"后发制人"的战例也不少见。

相关链接：夫必胜之术，合变之形，在于机也。——诸葛亮：《江苑·应机》

不入虎穴，不得虎子

超①曰："不入虎穴②，不得虎子③。当今之计，独有因夜以火攻虏，使彼不知我多少，必大震怖，可殄尽也。"

——范晔：《后汉书·班超传》

> **注**
> ①超：东汉名将班超。
> ②虎穴：老虎洞。
> ③虎子：小老虎。

名家美文话格言

相关链接：夫耳闻之，不如目见之；目见之，不如足践之。——刘向：《说苑·政理》

⋯⋯ 释义 ⋯⋯

班超说："不进入老虎洞，就不能抓到小老虎。现在的办法，只有趁今晚用火进攻匈奴使者了，他们不知我们究竟有多少人，一定会感到很害怕，我们正好可趁机消灭他们。"

范晔是南朝宋著名的史学家、文学家。《后汉书》是一部记载东汉历史的纪传体断代史。全书包括十纪、八十列传及八志，记载了从汉光武帝元年（公元 25 年）到汉献帝建安二十五年（公元 220 年），共 196 年的史实。与《史记》《汉书》《三国志》一起被称为"前四史"。令人遗憾的是，后来范晔因谋反罪被杀，仅写成了十纪、八十列传，原计划要写的十志，未及完成。现在《后汉书》中的八志三十卷，是后人补写的。

班超是东汉时期有名的大将，他作为东汉王朝的使者，曾在西域活动了 30 年，帮助西域各族摆脱匈奴的束缚和奴役，为东汉王朝开发西域立下了很大的功劳。

公元 73 年，班超受大将窦固派遣，第一次出使西域。他带领 36 名将士不怕山高路远，千里迢迢，一路跋涉。他们首先来到鄯善国，与鄯善国国王商谈建立友好邦交之事。初来乍到，鄯善国国王对他们非常热情，亲自出城迎候，把班超一行奉为上宾。班超说明来意，鄯善王很高兴。过了几天，匈奴也派使者来和鄯善王联络感情。鄯善王也热情款待了他们。其间，匈奴人说了东汉许多坏话，说得鄯善王黯然神伤，心绪不安。于是，鄯善王对班超他们的态度有了很大的转变，变得十分冷淡，甚至派兵监视班超他们的一举一动。班超感觉到了鄯善王态度的突然转变，可不知道是什么原因。他向侍者一打听，才知道是匈奴派来的使者在作怪。是因为他们的从中挑拨，才使得鄯善王对建立邦交之事摇摆不定。

面对这种十分不利的形势，班超立即召集将士商讨对策。他说，"不入虎穴，不得虎子"，只有连夜消灭匈奴使者，才能消除鄯善王的疑虑，断了他的念头，使两国和好。

当天夜里，班超率领 36 名壮士，悄悄摸进匈奴使者的营地。他们兵分两路，一路拿着战鼓躲在营地后面，一路手执弓箭刀枪埋伏在营地两旁。他们一面放火烧帐篷，一面击鼓呐喊。匈奴人从梦中惊醒，乱作一团，吓得到处乱窜。班超和 36 名壮士以一当十，奋勇搏杀。结果 100 多名匈奴，要么被大火烧死，要么被乱箭射死。

班超的果敢行动，震动了鄯善国。鄯善王见班超如此勇猛，便和他重归于好，马上表示愿意服从汉王朝的命令，永远与汉朝和睦相处。班超圆满地完成了使命。

"不入虎穴，不得虎子"，是这个故事中的名句。《三国演义》中也有"不入虎穴，焉得虎子"的说法，现在人们把它作为成语，广泛使用着，比喻不亲历艰险，就不可能取得收获，也比喻不进行认真的实践，就不可能得到真知。

就战争而言，有时要有点"深入虎穴"、勇往直前的胆量和气魄，才能大败敌人。一点风险都不敢冒，畏首畏尾，就不能取得战争的胜利。

在漫漫人生路上，在学业和事业上也是如此。要想求得真知，做出成绩，就要躬身实践。要以坚强的意志和恒心，不怕艰难，勇于攀登，大胆地开拓前行。不经历风雨，怎么见彩虹！

"人非生而知之"，只有从实践中来，到实践中去，才是我们认知世界的正确选择。实践出真知，实践长才干。离开了实践，一切便无从谈起，也会失去了存在的意义。

附赠中外名人名言

● 于平凡中看到奇迹是智慧的永恒标志。

——爱默生

● 人类的智慧就是快乐的源泉。

——薄迦丘

● 凡事应该用脑筋好好想一想。俗话说："眉头一皱，计上心来"，就是说多想出智慧。

——毛泽东

● 任何人不可能每分钟都是明智的。

——普林尼

● 吸收别人的知识，我们的学问可变得渊博，但是别人的智慧却无法帮助我们变得更聪明。

——南森

● 智慧的标志是审时度势之后再择机行事。

——荷马

● 真正的智慧不仅在于能明察眼前，而且还能预见未来。

——忒壬斯

● 观察与经验和谐地应用到生活上就是智慧。

——冈察洛夫

● 精明的人是精细考虑他自己利益的人，智慧的人是精细考虑他人利益的人。

——雪莱

● 世间最大的麻烦在于：蠢材十分肯定，智者却满腹狐疑。

——罗塞尔

● 智慧如同大海，人们不知道它的深浅。

——伊本·穆加发

● 智慧，不是死的默念，而是生的沉思。

——斯宾诺莎

● 智慧富有的人决不辩解。

——爱默生

● 智慧因为用得过度而毁坏的不多，大多都是因为不用才生锈。

——鲍乌维

● 克服障碍达到目的，唯赖智慧、勤俭与机智三者。

——拿破仑

● 等到你最后登上顶峰时，你将羞愧地发现，如果当初你具有找到正确道路的智慧，本有一条阳关大道可以直达顶巅。

——赫姆霍茨

● 智慧就在于说出真理，按照自然行事，倾听自然的话。

——赫拉克利特

● 没有智慧的蛮力是没有什么价值的。

——克雷洛夫

名家美文话格言

相关链接：非学无以广才，非志无以成学。——诸葛亮：《诫子书》

●智慧就在于不为狂热所动，不被常识所驱；当假象惑众时，自己虽然身在其中却不受蒙骗。

——阿米尔

●智慧是经验之女。

——达·芬奇

●智慧表现在下一次该怎么做。

——约尔旦

●一个人的智力发展和他形成概念的方法，在很大程度上是取决于语言的。

——爱因斯坦

●不要迷信权威，人云亦云，要树立独立思考的科学精神。

——谈镐生

●聪明睿智的特点就在于，只需看到、听到一点，就能长久考虑和更多地理解。

——布鲁诺

●智是谋之本，有智才有谋，所以智比谋更重要。

——邓拓

●真正的智慧是知道那些最值得知道的事，去做那些值得做的事。

——汉弗莱

●智慧是对一切事物及产生这些事物的原因的领悟。

——西塞罗

●一个人没有知识是可怕的，但没有智慧就更可怕。

——西塞罗

●有无智慧，不在年岁，而在能力。

——普劳图斯

●摆脱愚蠢是智慧的开始。

——贺拉斯

●智慧来自磨难。

——埃斯库罗斯

●没有智慧，也就不可能有美。

——普鲁塔克

●人类的全部历史都在告诫有智慧的人：不要笃信时运，而应坚信思想。

——华莱士

●智慧并不产生于学历，而是来自对于知识的终生不渝的追求。

——德谟克利特

●智慧是勤劳的结晶，成就是劳动的化身。

——伏契克

●有想象力而没有鉴别力是世上最可怕的事。

——歌德